山裏食
以食為引，走進高雄山間廚房

目錄

序

以食為引，翻「閱」高雄山林

南方暖陽下，擁有豐富地景的高雄，位處熱帶季風，從城市、沖積平原、河流、惡地到高山山脈，多元地理環境不只孕育著物產食材，更是涵養著熱情活力的人們。這些年，文化局藉由出版、各種活動踏查走讀，認識一代接著一代透過飲食傳承著向土地學習的智慧，也探索取材於自然元素的器物製作與環境如何緊密相連，更是雙手間承襲的時代密碼，有新有傳統，在時光裡一起前進。

這一趟邀請您一起從「淺山」往「深山」走，在烹煮風土的場所空間、各種農藝手作器物中，並且於紙上進行兩場郊野採集：由旗美社大張正揚校長帶路的旗靈縱走，再跟著布農耆老洪得勝走走寶山步道，嘗試伸展視角，翻「閱」高雄山林。

旗山、美濃的稻田與郊山是淺山區域美麗的日常風景，玉山山脈的南端尾巴就在緊鄰平原聚落的旗尾山，沿著南部橫貫公路台20線與高屏溪的主流上游荖濃溪相遇，一側是玉山山脈，另一側為中央山脈，位處兩大山脈間的河川溪谷削切著山的形貌，荖濃溪與其深山區的支流更是一路孕育、滋養了高雄六龜、茂林、那瑪夏、桃源山林的人文風土，而颱風暴雨時期，荖濃溪的另種面貌，對於中高海拔的居民來說，這十多年是重要的一課；2009年的莫拉克風災，重創山區，家園變了，人和經濟的結構改變了，山裡的人長出自己的方法與山共存。

採集泥土、稻草、砂石等自然素材建造土團屋，周盟桂把在旗山的日子過

得如蝸牛般「慢樂」，美濃小春日和的料理手藝與田園生活，也是讓人嚮往的山腳下夢想地；杉林日光小林社區居民不忘自己是來自山上的孩子，以公廨元素創造日光廚房，社區的民族植物園則是一方方延續記憶的種子庫。六龜寶來的樣仔腳共享文化空間，從災後的「陪伴」到「培力」出里山地帶的烘焙師、陶藝師，造出傳承古早智慧的自然建築，大灶餐更連結了四季風味；茂林谷的深處有處「得恩谷」，魯凱青年以紅藜養酵母，將山蘇等部落食材放入麵包，山谷裡的香氣有點不一樣；位在高雄最北的桃源區梅山口，布農一家的廚房，是山林世世代代的分享與傳遞。

大地的形貌藉由各種農藝技術陪伴飲食日常：草木纖維的編織、染色，林彥伶器物創作源自大地的調色盤；客家農村豐收後的稻稈、果樹樹枝，都能成為鍾建志柴燒陶成色的重點功臣；剩餘木料與廢棄五金建材，在謝二羊手中展開善的循環與再利用。在茳濃文化工作室，器物也是連結祖先智慧的手作實踐；風災淹入家園的土，摻入陶作其中，李文廣以生命記憶造現代布農陶；四社部落的顏德昌耆老，以身體記憶布農的藤器編織。自然土石藉由手、透過火……皆以另種生命風景與山林氣息相連。

最後的篇章，藉由高雄城區與近山的料理人分享與山林交集的視野，附上的山林料理提案，有著料理人各自擅長的風格餐食，有機會也能在自家廚房感受一點點山野滋味。親近高雄的山林，旅途愉快！

高雄市政府文化局
局長 王文翠

前言

透過料理和手作，獲得山的款待

秋天，我們在桃源的梅山，伊藍爸爸和阿布斯媽媽以傳統三石灶煮著新年祭才會吃的小米糕，而新年祭的時間點通常是山上台灣欒樹變紅的時候；在蓮霧產季的尾巴拜訪了六龜寶來的樣仔腳共享文化空間，庭院的破布子樹預告了午餐的破布子龍鬚菜，兩旁的黃椰子樹也是裝飾擺盤的編織材料，古早味大灶還溫著一鍋八月豆蘿蔔排骨湯，一旁燒著龍眼木的麵包土窯也正忙碌著；在甲仙，草仔粿還沒學著做，兩只爐早已燒了柴等著我們；在山裡，好幾次經驗的都不是快速爐和瓦斯，循環自山林的柴火有自己的慢溫煮法，有著來自山的訊息：關於提醒你無需急躁，必須耐心花上時間的「等待」。

等候休養生息，等待季節使果樹成熟，等候雨水，也等待陽光，時間到了，山會把當季的豐盈呈現在你面前，以風景的樣貌，以料理的樣貌，還有更多時候，透過藝術家、手藝人的雙手技藝，將源自自然的元素轉換，捏土製陶、萃取花草枝葉來染布、以其強韌的竹藤纖維編織成器，山的形貌有了新的生命價值。讓我們嘗試從這本書感受高雄的山，還有山的款待。

放進柴窯裡的土坯雖然不上釉，但靠著陶土及燃燒過程中的火、柴灰、煙，就能產生出千萬種變化：松木落灰偏黃，龍眼木偏綠，芭樂木則偏灰白。

美濃・菸樓陶藝　鍾建志

來到這裡沒有土地，感覺與山很有距離，所以我們想有沒有方法能找回對山、對土地的親近，就用植物來營造出熟悉的環境。

杉林・日光廚房　春美阿姨

茂林人相信「自然環境才是最大的財富!」人們吃到的，不僅是健康天然的麵包，更是部落族人共同努力捍衛土地的永續價值，透過做麵包，能將整個部落包容進來。

茂林・蝶 Svongvong 手感烘焙　大頭

風災後重建工坊，挖出當年被土石流掩埋的陶土與瓷土，善用混雜土石流的陶土、瓷土製陶。過程比重買費工又費時，但重練後的陶土象徵了重生與希望，有特別的意義。

那瑪夏・那窯瑪夏陶　李文廣

高雄分區地圖

1 慢樂處
2 小春日和
3 日光廚房
4 草・木・生活
5 菸樓陶藝
6 西拉雅工作室
7 郊野採集 1：旗靈縱走
8 楱仔腳共享文化空間
9 蝶。Svongvong 手感烘焙
10 伊藍和阿布斯的農場
11 荖濃文化工作室
12 那窯瑪夏陶
13 顏德昌
14 郊野採集 2：寶山步道
15 甲仙愛鄉協會
16 龜時間
17 松鼠禾作舍
18 小露吃

拜訪杉林張大哥的薑園，認識跟隨自然的直覺與法則判斷種植的時機，在作物最營養、最好吃的時候採收，就是祕訣。

龜時間 Nato & Trista

早年沒冰箱，阿嬤就用錢罐仔放高麗菜，農夫便當裡放點高麗菜酸，還有讓米飯防餿和抑菌的效果，就像日本便當裡會放顆梅子那樣。

甲仙愛鄉協會 德哥

以前山上種比較多自己吃的，自己夠吃就好，現在山上大家都種能賺錢的。古時候釣魚，也像打獵，不能把全部的動物獵完，有的吃就夠了。動物在交配期的時候，我們老人家不會上山（打獵）。

桃源・四社部落 顏德昌

我們往山裡走，也終究要回到自己安住的所在。以食為引，探訪一處處與山林氣息相通的廚房和工坊，深入自然料理、手藝餐桌，這一路是高雄的山野，提醒我們保持謝意和敬意，品味生活成一個生命的圓。

從山腳下的田邊菜園仰望著山，
是令人安心的視線所在。
順著玉山山脈尾端的稜線縱走，
收穫凝視風土的多元視角。

Part 1
從淺山出發

旗山　美濃　杉林

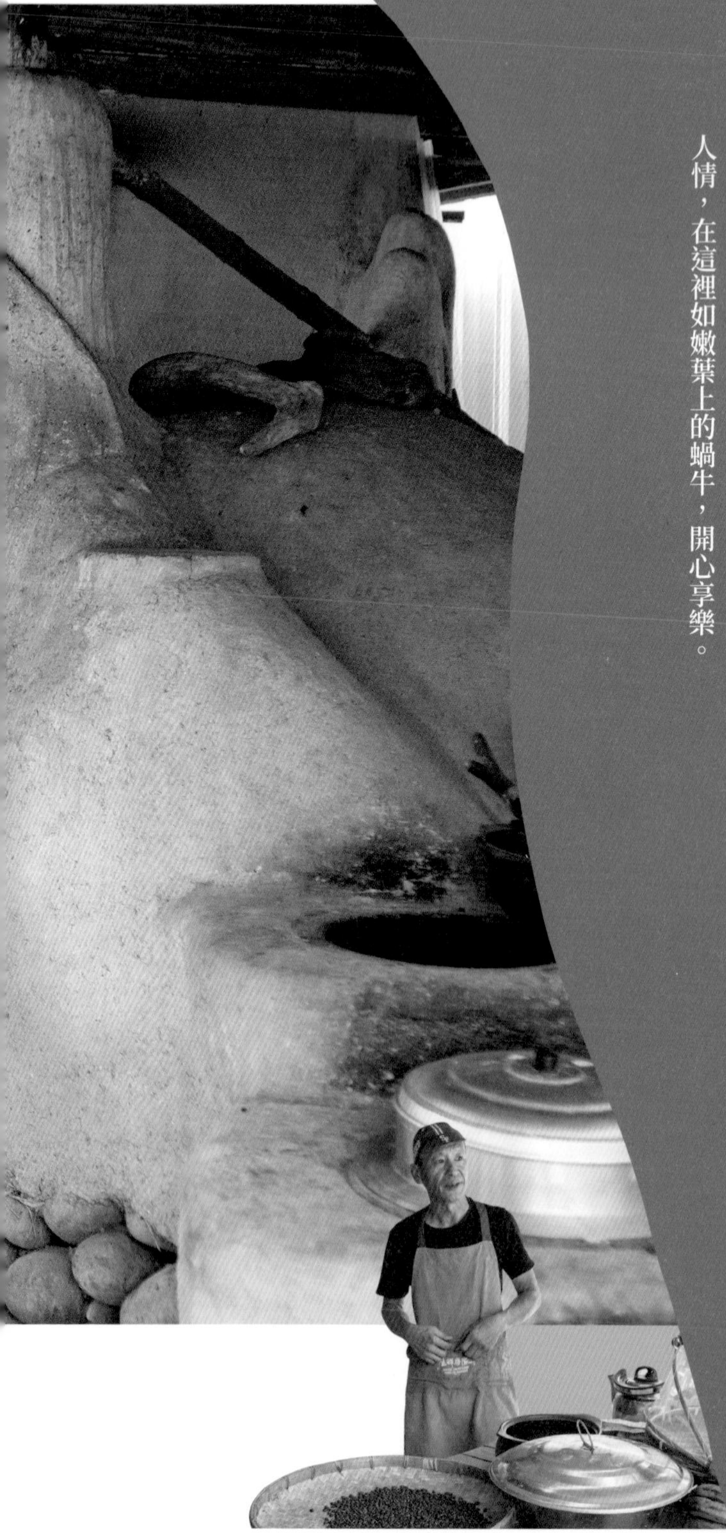

土地長出蝸牛屋——慢樂處

在中寮山腳下，一座蝸牛形狀的房子慢慢長出來了。黏土、砂、稻草，用全身的力氣踩成土團，先疊出一口窯，再伸出浴廁、主屋，厚實的牆面最後刷上溫暖的顏色，而香噴噴的麵包也出爐了！包進高雄的風土與人情，在這裡如嫩葉上的蝸牛，開心享樂。

撰文・謝欣珈
攝影・盧昱瑞

慢樂處

所在地區：高雄・旗山區
農藝材料：黏土／砂／稻草／石頭／木柴／無患子／刺蔥／香蕉／桂圓／酵母
產品物件：土團屋／土窯／桂圓麵包／香蕉蛋糕
成員規模：1 人

1／像走入蝸牛殼的溫暖小屋。
2／台 29 線上，自成一格的土團屋。

像被大地擁抱的屋子

台29線上，連續的樓房突然凹了一下，土黃色圓弧胖胖的厚牆，搭上傘狀的竹屋簷，加上牆邊長得超有活力的香茅，有些奇妙的熱帶風情。再靠近一點看，穿過腳踏車架交疊而成的門，左邊圓弧形的厚牆壁面粗糙，散發出溫暖的質地，不知不覺就把手貼上去撫摸。屋簷下頂著的，是根根個性的漂流木，旁邊的麵包窯裡麵糰正在烤，旁邊的灶也沒閒著，燒一壺熱水煮香茅，或是沖咖啡，晚點就能吃個下午茶。先進屋吧！一抬頭，綠色的青山蝸牛來迎接，像是從牠的殼走進去，小天地裡應有盡有，床、桌椅彷彿是從屋子長出來的，像極了童話故事裡主人翁迷路時總會遇見的溫暖小屋。再仔細看，玻璃瓶做通風口、啤酒罐做燈罩，每一處都是驚喜，每一處都有童趣。

這是一座什麼樣迷人的屋子！竟然只是在這裡，就彷彿被土地擁抱，被溫柔地放在掌心。

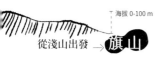

這是一座「土團屋」，顧名思義就是用土團蓋起來的房子。土團是什麼?為什麼能蓋房子?「其實土團的強度超乎想像喔！比磚造、土角還要強。」土團屋的主人周盟桂介紹堅固卻會呼吸的土團，是用砂、黏土、稻稈、水和在一起，再用腳使勁踩成的，「踩過之後稻草會像鋼筋，把所有東西結構拉在一起，拉力非常強，做得夠厚，堅固性與耐久性都會超出一般預期。」

土團屋怎麼蓋?

稻草，在務農仍多的鄰近區域還很好找，台梗9號、臺農71號、高雄139都一樣好用。載回來之後束紮起，學古早人立著乾燥再一圈一圈疊起來存放，「這樣就算被雨淋，只要把最上面那層拿掉，底下都還

3

會是剛曬好的樣子。」黏土，則是從朋友的農地裡、其他能挖的地方慢慢收集而來，「鏟子下去斷面光滑，加水化成泥抹在皮膚上像泥巴浴一樣柔軟，就是好的黏土。」不同的農地土性不一，周盟桂尤其大讚內門的土，「人家都說『內門人鹹，內門土黏』，黏土不利農作，所以內門人必須勤儉；但用來蓋房子就很好。」砂，不能盜採，只能花兩萬多元買來四十五噸。不過他倒是在台29線上收集了另一種「沙」，是大雨過後沖刷到路面上的黃沙，用來抹在土團屋的牆壁上，像是裱上一片廣袤的大地。

準備好材料之後，開始動工。周盟桂和來幫忙的朋友從一面牆開始熱身，順利完成之後接著做窯，那是他初學土團建築時的第一個作品，從熟悉的物件開始穩固信心。上土團前先疊石，讓土團在雨季來臨時不會因吸進積水逐漸軟化。石頭也從朋友的田裡挖，「他的田在杉林，很靠近溪邊，以前有大水把石頭沖下來，一挖就一堆。」石基疊

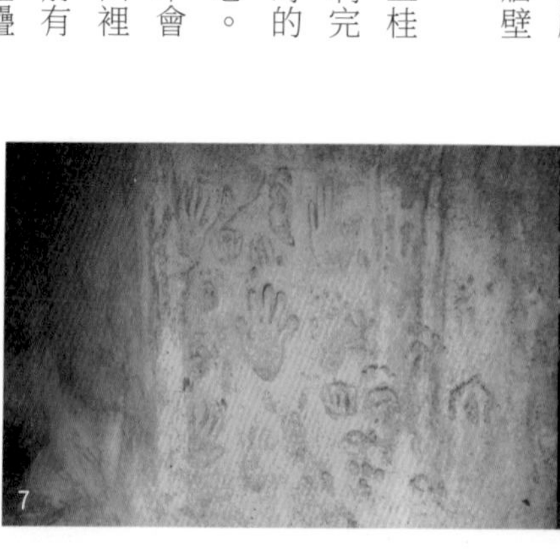
7

6

好蓋窯壁，和單純的土牆不同，需要分傳導層、隔熱層，用料也不同，像隔熱層就可以加一些粗糠做介質。形狀也不走一般路線，他將窯與灶結合成「三口窯灶」，煙道共構整合成一支煙囪，還在上面纏銅管做熱水器，讓每次的燒窯都能將熱能發揮得淋漓盡致。窯蓋好之後做浴廁，先埋管線、化糞池，再慢慢把土團疊上變成牆，最後才是主屋。

「但我卡關最久的是屋頂。如果是正宗自然建築應該要做綠屋頂，讓土層自己長出草，防雨又可以隔熱；但是我收集來的樑木不多，對屋頂的承重沒這麼有信心，就不敢做自然的草屋頂。」用茅草呢？一年就要換，而且隔壁宮廟燒金紙可能把屋頂一起燒了；用竹瓦呢？四、五年也還是要換，到時候不知道有沒有力氣爬上屋頂。「最後我妥協了，不用自然建材，折衷用輕薄的可樂瓦。」沒有更好的方式去達成理想，妥協也是對生活的練習。

3／以樹枝、竹片架起屋簷和門框。
4／待在庭院感受曲線的牆與主屋，也像被大地擁抱著。
5／運用不同階段的窯溫烤披薩、麵包、咖啡豆、烘果乾，
將土窯的熱源做最高效率的發揮。
6／用來發酵麵團的藤籃。放上麵團前會鋪上棉布。
7／來幫忙建屋的親朋好友在土牆面留下手印壁畫。

8

9

集合眾力，收聚風土

坐在屋裡欣賞著周盟桂在細微之處的巧思，但也想問，為什麼要蓋土團屋？或許得從他的經歷講起。在高雄旗山出生、長大，爾後離家讀書，到台北工作，聽「生祥樂隊」（當時還是「觀子音樂坑」）激起返鄉熱血，回高雄在出版業十年期間與在地的環保人、文化人相熟；熱衷單車運動，假日就是和車友穿梭山林，自然長出環境意識，「生態保育從來都在我的生活態度裡。」爾後與朋友創業，失業後挫折感很重，本來想著要騎單車環遊世界散心，「但聽聞朋友想蓋麵包窯，恰巧我知道有這個課程，他沒空我替他去上，上完之後邀朋友一起蓋了一座。」剛好弟弟又給他一本《用手雕塑的建築》，親戚也正好有一塊空地可以讓他使用，加上曾經在建築工地打工的經驗，這些因緣匯聚使他起心動念，既然要找事情逃避挫折，那就踏實地身體力行，讓腦袋停止運轉，而且

10

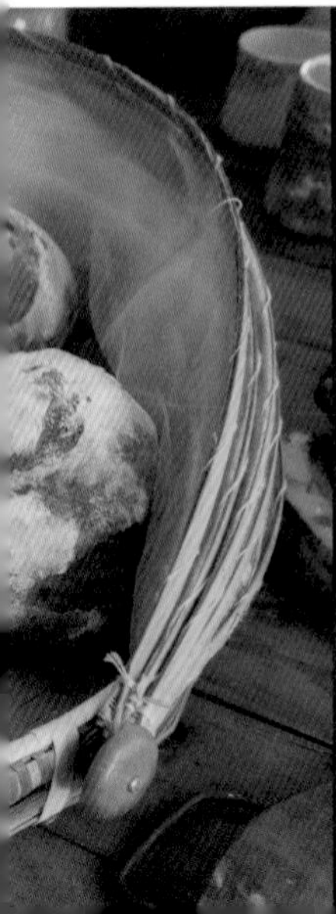

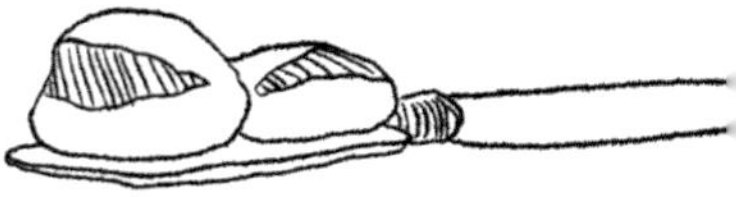

8 ／慢樂處的 Logo 是個蝸牛殼，還真的遇上了吉祥物！
9 ／週六通常會是迎接客人的開窯日。
10 ／在土團屋室內製作麵團。室內使用許多原木材質。
11 ／自己蓋屋，做歐式麵包的酵母也是自己養的。
12 ／土窯灶也可用來自烘咖啡豆。

車友們臥虎藏龍，是遇到疑難雜症時的最佳後盾，加上「挑戰」的迷人，讓周盟桂沒有多想，一頭栽進蓋一座土團屋裡。而土團屋除了療傷，也帶來快樂，「我每天都會碰到問題，想一、兩天找到解決辦法就超有成就感，會覺得所有付出的勞動都OK做得下去，很單純。」

單純地蓋好窯、蓋好土團屋，周盟桂覺得階段性的目標已經完成了，再來要做什麼呢？「朋友說，你有窯，就可以來賣麵包了。」桂圓麵包的桂圓是內門來的，香蕉蛋糕的香蕉是旗山在地的，刺蔥麵包的刺蔥是自己種的……，他希望這口窯能把在地的商家、農民、鄰居串在一起，連結成區域經濟，「讓人流、金流、物流留在這裡，不要再把資源集中到金字塔頂端的資本家了，要留住在地的東西。」

蝸牛形狀的「慢樂處」是周盟桂要提醒性急的自己慢慢生活，放自己進在地風土慢慢感受，就會快樂。

12

11

土團屋建蓋過程

1. 整地，兼做筏式地基及埋設地下排水管。
20170119

2. 埋設化糞池。

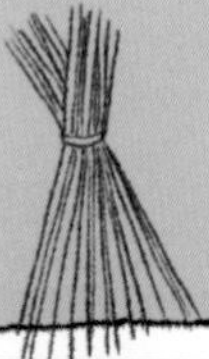

3. 建材集合！黏土、粗砂、稻草、灰泥（蚵殼灰加麻絨）、石頭。
20180101

4. 基本功踩土團，一團一團疊出土團屋。
20180120

5. 窯灶首先完成！ 20180316

. 在窯灶旁邊，廁所也長出來了，接下來疊主屋基石。

7. 主屋長肉中。 20190128

8. 架設屋頂樑架系統。 20190315

9. 鋪設屋瓦——可樂瓦，瀝青砂石為原料的軟性屋瓦。

10. 裝潢屋內。 20191124

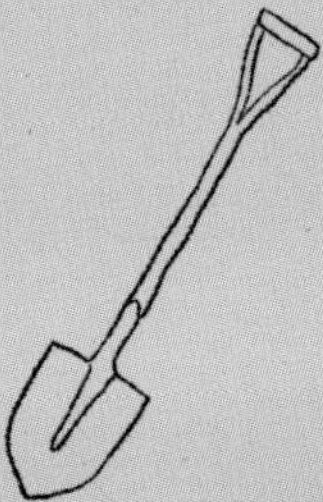

11. 塗上石灰耐候層再刷上灰乳層，鋪設自然土地板。

12. 外牆施作灰泥，戶外茅草土牆、竹瓦延伸簷完成。

月光山腳下的夢想地——小春日和

尋尋覓覓，芳姐從月光山的那一頭出走，心心念念，又回到月光山的這一頭，在山腳下的老屋闢出天生天養的菜園、溫暖舒心的空間，和 Miss Lala 臘腸犬穿梭其中，將自然給予的療癒料理成雅緻暖心的菜餚。對芳姐而言「小春日和」不只是餐廳，還是她感受生活的創作與療癒的地方。

撰文・謝欣珈
攝影・陳建豪

小春日和

所在地區：高雄・美濃區
農藝材料：魚腥草／芳香萬壽菊／香茅／埔姜仔／樹葡萄／鴨蛋
產品物件：預約制無菜單料理／魚腥草茶／芳香萬壽菊茶／水果酵素／果醋／塔香
成員規模：1人1狗

每天做菜前，芳姊習慣到小菜園摘點今日靈感。

山是心裡的支柱

月光山，站美濃看山頂，漲弧優美如初月；出了隧道立杉林眺山尾，凹處俐落如新月。緊貼著山腳蜿蜒的小路，有夥房、有風水，在山的懷抱裡人輕巧地過完一生。向月光山伯公祠裡微笑著的伯公、伯婆打聲招呼，聽著風、竹林、溪流、蟬、鳥，交響地歌聲，欣賞著和藹可親的林木，慢慢地爬上山頂，站在旗美地區的最高處，眺望腳下向旗尾山一路綿延的稜線，切出美濃與杉林兩地。「歲月靜好，現世安穩。」走入月光山，與走入「小春日和」有一樣的感覺，山真的是「靠山」，用常在又充滿生命力的綠，親近來者給予支持與療癒；芳姐則從自然取材，以質樸的烹飪方法，讓來者從五感到肚腹，都像身處在自然之中，在其中安心休息。「我想創造一個療癒的空間，如果只是為了用餐就太可惜了。」

起初也是山，把芳姐從都市召喚到美濃。從日本回到台灣之後，先在城市工作，忍不住對恬靜自然的嚮往，友人想找地種田她陪著去，遇見了月光山腳下的小房子，反而率先住了下來。「山給我很安定的感覺。後來想想這幾年在我心裡一直被月光山支持著。」兩年後她出走池上，想要找尋更杳無人煙的原始自然，半年後為了母親回到高雄，先在月光山的另一頭杉林住了兩年，最後落腳美濃。「現在想想住在海岸山脈底下的時候，越過中央山脈就是月光山，到最後我還是想跟月光山連結在一起。」

老屋與菜園：感受因緣聚合的模樣

除了山的呼喚，她惦記的還有相同理念感情深厚的夥伴，最終宇宙聽見了她虔誠的渴望。「在杉林開店的時候都要經過月光山隧道過來美濃買菜。一出隧道有一間矮房子，旁邊有一塊小小的地可以種東西，這個地方我每次經過都會看它一眼，是我夢想的

1

雛形。」遇到這棟老屋，芳姐彷彿獲得一份知音的禮物，有滿滿地感動，「連之後整理要花多少錢都沒有想。」較寬敞的房間用來做餐廳，拆掉襪子工廠、熱炒店的裝潢，露出高挑古樸的木頭樑架與屋瓦，格局維持起初屋主用來圈養羊的隔欄，時間殘留的印記讓空間變得有趣。隔壁較窄淺的房間，則是芳姐用撿來的舊物佈置成的「日和販賣所」，老木門、老衣櫥、老櫃子，林木從山上被帶到平地作為家的一份子陪伴，卻總是先被遺棄，「說起來蠻玄的，東西會找主人。」芳姊到處撿起它們，帶回山腳下，修補、整理，休養生息，或許有緣人會來相識，或許沒有，就像山裡的林木，就只是在那裡，安安心心。

屋外的菜園，是芳姐另一個重要的場所。比屋子還大片，似乎小區小區地種植著不同的作物，不過嚴格說起來，是老天爺在照顧它們。「這塊田裡面有很多自己長出來的東西，我都把它入菜。」魚腥草、芳香萬

5

4

壽菊、香茅，各種香草曬乾之後就用來泡茶；另外一區瓜果類居多，有一顆小鳥播種來的西瓜，爬藤的百香果因為土壤太黏而失敗，接下來會順應美濃風土來種小番茄。客家人常用的埔姜仔是塔香的材料，也是蜜源植物，小黃蝶、野蜂早上會來吃早餐。朋友送來蛋蕉和小葉欖仁，還有芭樂樹和澳洲茶樹，隨著天候與季節的更迭，送上餐桌的餐盤上也和自然一樣，多采多姿、變化無窮。

食物是一座人與自然的橋樑

早上開店的第一件事，芳姐會來到菜園，邊採邊想如何用手上的花朵葉片為餐點作畫。「這是一段療癒的時間，我會一邊跟植物對話，一邊感受環境給我的靈感，就像在創作。」把自然畫在餐桌上，在口腹架起一座橋，她想讓料理還通往客人的心裡。「進門的一剎那我會感受到他的心情，然後在餐盤上表達我的心意，想讓他往好的地方

1／屋外的小菜園，正對月光山山腳下。
2／店內空間的屋頂保留以竹材支撐的早期工法。
3／入口處的小屋是可愛的選物販賣所。
4／魚腥草、芳香萬壽菊等花草曬乾處理後就能泡茶。
5／食材經過芳姐的雙手，人與自然的交會，在各種器皿的空間裡展現豐盛的生命。

無論是曬穀還是整理菜園，總是跟前跟後的小夥伴 Miss Lala。

去。」從環境的營造、擺盤的設計、音樂的選播、食物的香氣、食材的風味，經由她的鋪陳，五感得到的養分，都會綻放在臉上。「跟客人的交流、會心，就是這個工作有趣的地方。」

初嚐芳姐的料理，對於習慣大魚大肉的舌頭來說，過分清淡，但先別急著吞嚥，細嚼之後，食材的原味漫溢齒間，清爽舒服如沐山林。「我發覺人們吃了這麼多好料理，還是會想回到純粹的味道，所以我對食材的講究不是選擇最好的，而是選擇最接近天然的。」好朋友輝哥在月光山下，以自然農法多樣種植的白鷺鷥農場是她的重要後援；雞蛋來自美濃另一頭放養在果樹下的雞；米是種在美濃山下友善環境的「小飽米」；雞肉是隔壁杉林草藥畜牧的大野山雞。或者更遠，如雲林西螺循古法釀造的御鼎興手工醬油、南投竹山用山泉水養麥芽的山鼎人麥芽糖，她都曾親臨現場與職人交流，「敘述我的理念，還有食材在我的料理中會如何呈現。」真摯的交流超越了買賣關係，職人對食材的認真她無比敬佩，回過頭來想自己也是如此。「為什麼一直尋尋覓覓，其實人在製作東西的時候，要找一個能讓心達到平靜的地方，我們要聽從自己心裡的聲音。」

傾聽自己，傾聽空間、環境與人，進而平衡地在餐盤上交流。「平衡」更是芳姐與「小春日和」予人的質地。「小春日和（こはるびより）」是日語中用來形容晚秋到初冬之際溫暖晴朗的好天氣，平穩溫和，不是春夏萬物新生的熱烈，也不是秋冬萬物俱寂的沉眠，而是萬物都在恰好的位置上，安然自在。

一天結束，芳姐會鬆軟地坐在屋前自己釘的木板上，臘腸犬 Miss Lala 也會跑來，一起看著月光山。「每天我喜歡就是看山。白天餐廳忙沒有機會看，等我弄完了、全部放鬆了，走向房間的方向就可以看到山。這是我唯一消除疲勞的方式。」沿著她的目光看月色晾在渾圓的山頭，溫柔且神聖。

芳姊的醃漬月光鹹鴨蛋

鴨蛋來自月光山腳下輝哥的白鷺鷥農場，兩、三隻鴨，一天三、四顆蛋，天天吃也會膩，不如收集起來冰冰箱，集成一甕就做成方便保存的鹹鴨蛋。

Step 1.
首先從冰箱取出生鴨蛋靜置回溫，將表面的雜質擦拭乾淨。

Step 2.
準備一個能放進二十顆鴨蛋的甕，洗淨後擦乾。

Step 3.
接下來將一公升的水加入 350 克海鹽、三到四片月桂葉、少許花椒後煮沸，放涼備用。若想要香氣更有層次，還能多加桂皮、八角等香料。

Step 4.
再來是讓鴨蛋仁出油、提升蛋黃口感的祕技：讓鴨蛋在淺盤上的高粱酒裡打滾，均勻沾附酒液。

Step 5.
最後把渾身酒香的鴨蛋排列進甕之後，倒入鹽水淹過鴨蛋，置於陰涼處一個月後就完成囉！

我們是大武壠族，是來自山上的孩子

——日光廚房

2009年莫拉克風災，小林村民瞬間失去家園，只好下山住進永久屋，建立新的部落，起名為「日光小林」。他們是大武壠族人，用山吃山、與山為伍；來到山下，想念的竹子、薑黃、雞角刺跟著下來，在碗裡、路邊、房屋上，他們要山上的涼風也吹下山、吹進心底。

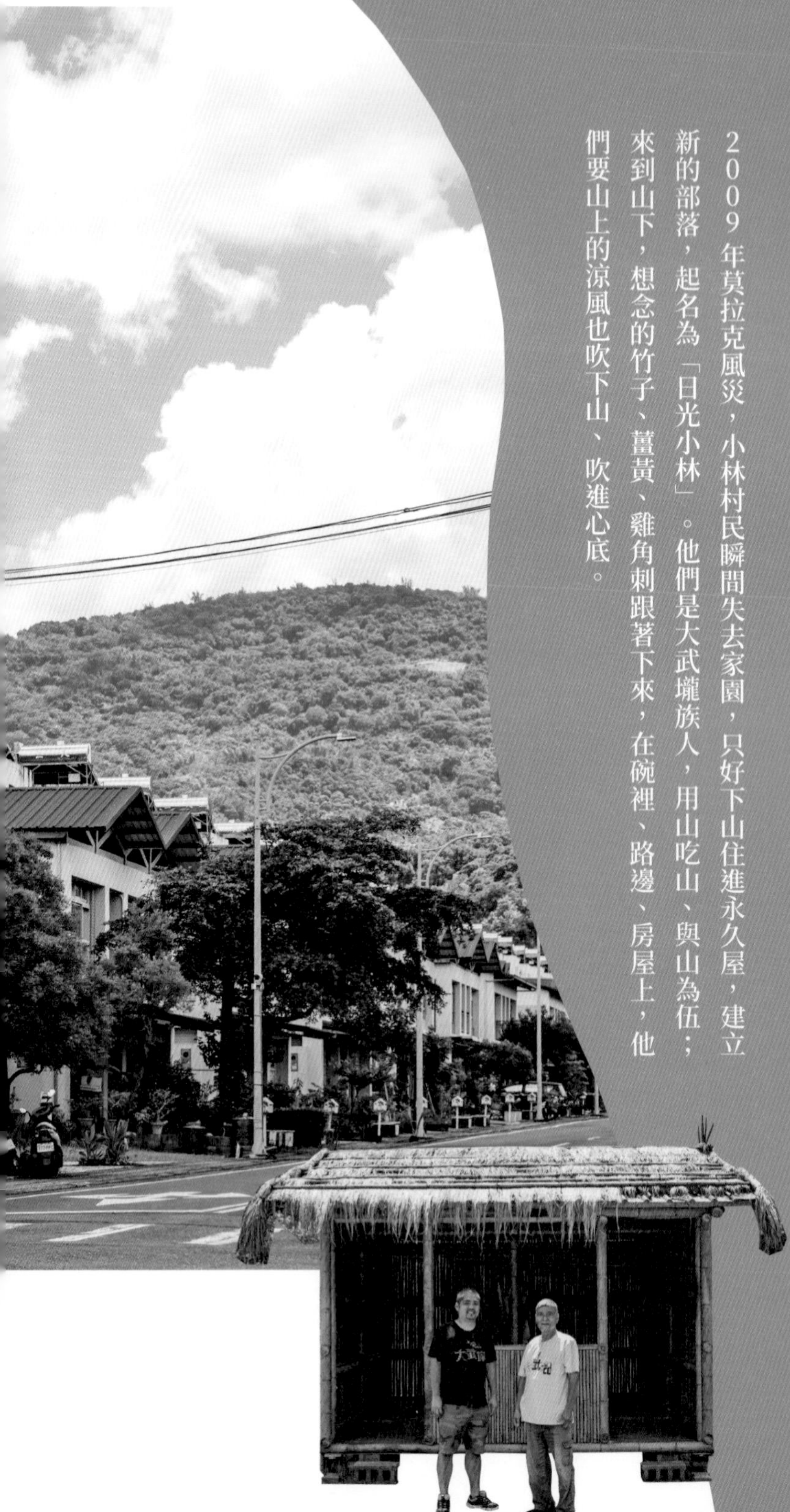

撰文・謝欣珈
攝影・陳建豪

日光小林社區・日光廚房

所在地區：高雄・杉林區

農藝材料：箭竹／桂竹／茅草／黃藤／筍頭藤／薑黃／梅子／雞角刺／雞冠花／圓仔花

產品物件：公廨竹屋／薑黃臭豆腐／薑黃黃金水餃／薑黃酥／雞角刺雞湯／老梅餅／祭典花環

成員規模：6 人＋日光小林部落族人

1

2

1／以竹子搭建的「公廨」，是大武壠族重要的信仰空間。
2／大林阿伯帶領大家在社區搭的竹橋，也搭起小時過溪的記憶。
3／日光廚房的竹編窗戶也是大林阿伯的傑作。

公廨，凝聚認同與文化的信仰空間

「因為小林滅村沒辦法，不然我們小林好山好水，又涼不用吹冷氣，又有山泉水。來這裡不習慣，太熱。」莫拉克風災後小林村民被迫分居三處永久屋聚落，分別是位於甲仙區、離原鄉最近的五里埔（小林一村），以及山腳下杉林區的日光小林（小林二村）與小愛小林（小林三村）。七十三歲的春美阿姨在「日光小林」住了十年還是不習慣，「不想回山上住嗎？」，「房子跟土地都沒了，怎麼回去？」旁邊的大林阿伯也和春美阿姨一樣，是坐直升機逃出來的，他們望著山的方向，滿是懷念。「以前小林有一條楠梓仙溪，我們常常要過橋到對面山上工作，有田、有竹筍，都在那邊。」阿亮也是小林村的孩子，國中到外地求學，直到二十九歲發生風災後，才返鄉與族人一起重建工作。「這是大林阿伯做的。」他指著憑空搭起的一座竹橋，彷彿底下有淙淙溪水，「小時候我們會蹚溪過去，水過腰的時候就會坐在大人的肩膀上。秋天要收成就會搭便橋，沒有扶手，就是一排竹子，走的時候都會怕怕的。每年颱風都會被沖走，都要重做一次。」竹子在原住民族中用途廣泛，除了搭橋，也做房子，大武壠族重要的信仰空間「公廨」就是用竹子搭建而成，而且會依竹子的品種與特性來應用。

公廨的外觀是一座竹構的四方形，屋頂會用箭竹將覆蓋的茅草固定，茅草在每年農曆九月十五夜祭前都要重新更換一次。四面牆壁使用桂竹，但早期是五節芒，「五節芒在小林和那瑪夏使用廣泛，因為老人家覺得五節芒有神力，能把空間保護起來，避邪。五節芒曬過之後很硬，其實很堅固，但還是禁不起颱風，才換成竹子。」公廨中間一根巨大的竹子稱為「向柱」，「我們沒有神像，向柱四周就是我們的祖靈『太祖』神聖的場域，夜祭的時候我們就圍著向柱唱歌。」向柱上綁了一個刺竹做的大魚筍，「大武壠族

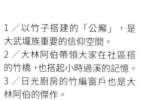

是把魚筍神聖化的原住民族，因為我們生活中很依賴筍，放在公廨表示筍對我們很重要，後來老人家說要把東西給太祖的話，放進去太祖就會收到。」傳說太祖是七姊妹，筍上插的七把竹刀和菸、酒、檳榔、花、布，都是族人虔誠的獻禮。向柱前還有一甕非常重要的「向水」，可以治病：「小朋友不舒服用向水在身上拍打，或是直接喝都有效；當兵前也會來求向水帶到軍中，防止水土不服。」還能占卜：「族人要打獵，會先去觀察向水的狀態，看有沒有獵物或有沒有危險。很酷！」

如向柱前的花與檳榔還很新鮮，即表示不久前族人剛來祭祀。不過這座在日光小林的公廨，嚴格來說是一座「模型」，「因為小林很特別，不是自然遷徙而來，算是因為風災被迫遷徙的。」族群透過信仰凝聚彼此，分開的族人有些對舊小林公廨無法割捨；有些也會想就近能得到太祖庇佑，若是一下子就將信仰空間分開，就可能出現族群分裂的情況，想要身處三地的族人凝聚在一起，「需要時間慢慢地互相溝通。所以我們把日光小林的公廨當成文化學習的展示空間，教育在這裡新生的孩子們小林的傳統，也向來到小林的人，介紹、推廣我們的文化。」

日光廚房，集結歡聲笑語的共享空間

另外一間與公廨相仿的竹屋「日光廚房」，也是大林阿伯的傑作，裡面正在炸著香噴噴的薑黃臭豆腐。「薑黃救過我們小林人的經濟！」在阿伯還是青年的時候，有一年發生嚴重旱災，什麼都種不出來，幾乎斷炊，還好有外地商人來收購山裡的野生薑黃，家家戶戶便靠著挖薑黃取得溫飽，度過難關。不過小林人會挖薑黃卻不會吃，直到近年健康飲食風行，薑黃磨成粉、萃成汁，成為現代人健康的養分，也連同小林的記憶

4／公廨裡神聖的儀式空間，是祖靈「太祖」神聖的場域。甕裡裝有「向水」能治病占卜。
5／大林阿伯（左）與阿亮（右）。
6／以薑黃入菜的黃金系列水餃、臭豆腐是廚房招牌，雞角刺雞湯也是當地特色。

醃成一塊塊酥脆金黃的臭豆腐。「一開始是因為想在杉林的花海活動擺攤，想說賣臭豆腐比較容易賺，但要有特色，我們就想到薑黃和小林的關係，讓協會的媽媽們研發出薑黃臭豆腐之後，成為排隊美食，活動結束之後我們就在社區繼續賣。」一賣賣了四、五年，生意不差但是只搭了一個帳篷，颱風下雨很不方便，今年因為疫情空出了時間，便趁機改建成具有文化特色的交流原地，並研發更多薑黃、梅子等具有在地產業特色的餐點，用食慾最直接地認識小林、接觸小林。

以公廨空間為基礎延伸而來的日光廚房。

8

7

和公廨不同，日光廚房的竹空間中有許多可愛的竹窗戶、竹窗花、竹籬、筍，或者用不同品種、粗細的竹子做成花紋，都是族人熱心提供的主意，「窗戶可以做成用推的啦！」「這邊要不要做一個洞一個洞比較好看啦！」一言一語之中發揮日常記憶的美，這份親切也吸引族人團聚：小朋友來這裡寫作業、守望相助隊來這裡開講喝一杯、婆婆媽媽們在這裡煮大鍋菜，連風味餐、手作課程都可以在這裡舉辦，讓客人自然而然地融入大武壠族的生活中。

「就像回到山上」：用民族植物種回小林村的記憶

建立起小林村生活感的，還有四散的「民族植物園」。「來到這裡沒有土地，感覺與山很有距離，所以我們想有沒有方法能找回對山、對土地的親近，就用植物來營造出熟悉的環境。」像是種回大武壠族女性最

12

11

10

熟悉的雞角刺，「是坐月子一定要吃的。」把雞角刺的根挖出來曬乾，丟進湯裡滾，加雞肉、米酒，「我都吃到怕了！」春美阿姨模仿當年物質貧乏，能補的也只有這一味，只好硬著頭皮吃的樣子，對比著眼前能夠一碗接著一碗，清甜甘美的雞角刺湯，真難想像。雞角刺的莖也能泡茶，加一些黑糖風味更佳。其他還有用來測試大武壠族的男性有沒有力能剖開樹幹超硬的九穹；可以拿來做火藥的羅氏鹽膚木；拿樹皮搓繩的青桐；做筍必備的黃藤與筍頭藤；一年一度最重要祭典時要做成花環的雞冠花、圓仔花……。春美阿姨與大林阿伯細數著琳瑯滿目的各種植物，一邊沉浸在回憶中，彷彿真的回到山上的生活，身邊吹起涼風。

莫拉克風災之後的第一個十年過去，小林村民用力地生存下來。邁向第二個十年，以及更遙遠的未來，他們已經準備好抬頭挺胸，要用驕傲的大武壠族文化，歡迎每個來到部落的朋友。

7／阿亮講解公廨屋頂以箭竹固定的茅草在每年夜祭前需更換。
8／對大武壠族的信仰與早期生活很重要的魚筍，成為日光廚房的燈具造形。
9／春美阿姨與大家一起把小林村的植物種回來，也種回重要的記憶。
10／社區裡有散落各處的小林村民族植物。
11／以前山上常見的黃藤，現也出現在社區中。
12／日光廚房的雞角刺雞湯是大武壠族婦女坐月子聖品。

來自山上的孩子

春美阿姨、大林阿伯帶路，認識五種小林部落的民族植物。人和植物在這裡一起生活，都是來自山上的孩子！

雞角刺

華薊與南國薊都被稱為雞角刺，大武壠族人喜愛其香氣，會將根、莖曬乾後煮湯，尤其產後婦女坐月子一定要喝。雞角刺的花型也被大武壠族人繡進傳統服飾，作為特殊的針狀花圖紋。

薑黃

是小林村重要的經濟作物，村民會在糧食歉收時到山裡挖野生薑黃，賣給前來收購的商人，換取糧食。從前村民不會食用，現在則加工製成薑黃粉、薑黃酥等熱銷商品。

青葙

俗稱「野雞冠花」，是大武壠族人用來做花環的材料，近年則多用圓仔花。不僅在節日時配戴，也能讓訪客體驗製作。

腎蕨

另一個名稱是「羊齒」，族人上山打獵口渴的時候，會挖出腎蕨儲水的球莖止渴。近年因為容易取得、好種植，成為夜祭時花環的材料。

五節芒

用途廣泛，芯可食用，葉子曬乾後可做成掃把、火種，最重要的是在農歷九月半夜祭前，需使用當令的五節芒翻新公廨牆壁。大武壠族人認為五節芒可避邪，其神力甚至能驅除稻田裡的蟲害。

祭典時信仰中的老君會以此為媒介幫助族人驅邪或治病。

* 有興趣想更認識大武壠族的傳統植物與文化，可參閱《種回小林村的記憶：大武壠族民族植物暨部落傳承四百年人文誌》一書。

運用大地草木創作，就是我的生活——林彥伶

秋天桂花開的季節，美濃小鎮到處都能聞得到桂花香，在「草・木・生活」工作室後院的桂花也認真盛開著，生活在平均三百公尺淺山山腳下的美濃人，無時無刻都可以感受到天地萬物的變化，受到山林滋養、以植物為創作素材的林彥伶因此將工作室取名為「草・木・生活」。

撰文・曹沛雯
攝影・邱家驊

01

竹籃、竹盤、四海波竹籃
萃取植物色彩為竹篾上色

竹材編織又稱為「竹細工」或「篾工」，從砍竹、刮皮、剖竹、定寬、染色、導角到定厚薄，竹材生產過程繁複，為利用各種顏色的竹篾突顯編織紋樣，因此會將竹篾染色後編織。以大鍋將水與染料攪拌煮滾，放入竹篾繼續加熱上色，取出竹篾要沖洗蔭乾才能開始編織。由於現代染色多使用化學酸性染料，林彥伶捨棄會污染環境的化學染，嘗試運用薑黃、鐵刀木、大葉欖仁、月桃……等生活周遭植物，以無毒天然方式為竹篾上色，編織成各種實用的竹籃、竹盤，以及具有波紋曲線美的四海波竹籃。

1／從傳統卍字編變化而來的編紋。
2／四海波竹籃。
3／使用稻草為軸芯，以捲繞的技法（coiling），如同陶藝塑形技法中圈土條的方式不斷擴充，並以棉繩將相鄰的兩股稻草繩綁縫一起。

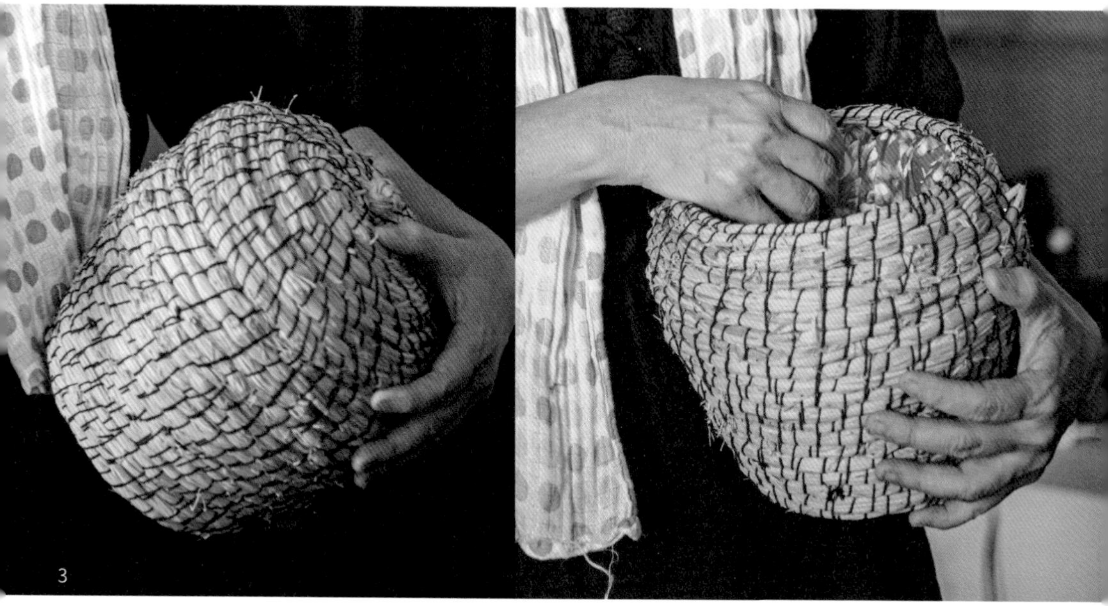

02 稻桿茶壽

稻草曬乾再利用

農田在收割完後會留下大量的稻草，林彥伶向美濃當地農家要回這些不要的稻草，將曬乾後的稻稈編織成天然保溫桶「茶壽」。這種台灣特有的農村工藝品其實源自於民國50年代農村開始盛行養鳥風潮，當時苗栗獅潭有間專賣稻稈編織的鳥巢店，當養鳥風潮退去後，店家應用鳥巢編織方法發明出具有保溫功能，內縫棉布充放棉絮的保溫桶。農忙時候放入熱茶、熱飯帶到田裡工作，到下午都還是暖的，由於喝茶長壽有益健康，所以將器物命名「茶壽」。因為實用，農家們會利用農暇製作販售貼補家用。

桃花心木植物染，以「縫染」技法創造花草藤蔓的意象。

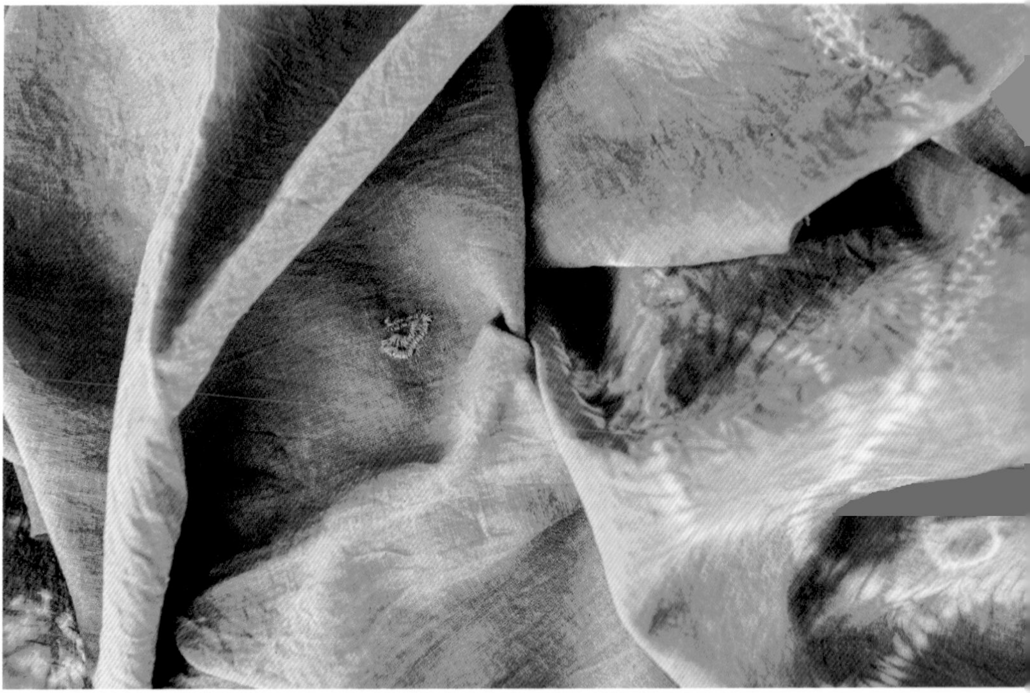

03

植物染桌巾、餐墊
源自大地的調色盤

除了竹篾，林彥伶也將植物染應用在其它各種纖維藝術創作。林彥伶採集當地植物的樹皮、根、莖、葉、果實、果皮、花……作為染材，熬煮取汁來染棉、麻等布品。庭院種植的月桃、咸豐草、春不老、桃花心木、相思樹，都是她常用的染料。加上善用各種不同的天然媒染劑與染料作用：鋁媒染的色彩偏明亮鮮豔，銅媒染的表現偏紅，鐵媒染則富有高級的菸灰色。她用豐富多變的大自然色彩渲染桌巾、餐墊，為餐桌增添大地的色彩。

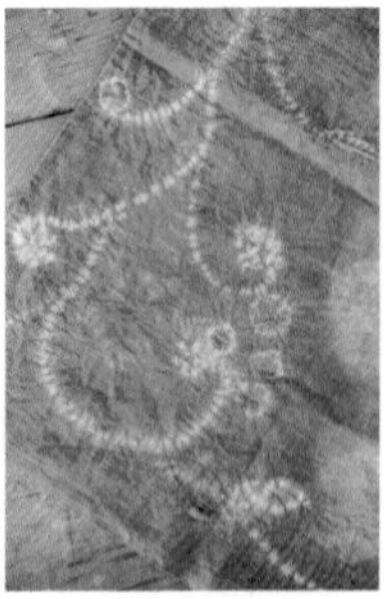

5

4

「美濃啊 該金字面山／每日每日 恬恬看汝／有時哪 日頭辣辣／有時哪 濛濛白白薄雲飄盪……」

驅車前往美濃的路上，音響緩緩放送著客家創作歌手黃瑋傑的專輯，這首〈金字面山〉描寫的是歌手從小在美濃生長的地景風光。車窗外，美濃高１４０鄉道上恬靜的農村風光，襯著音樂就像是一幕幕MV畫面。當金字面山進入視線，終於明白為何當地人會將祂視為聖山。尖聳陡峭裸露感十足的岩壁在豔陽下散發燦爛金光，彷彿守護神般慈祥地看照著美濃這片秀麗的綠野平疇。不久之後，抵達了位於金字面山山腳下的「草．木．生活工作室」，這是一棟被淹沒在田中央茂密樹林裡的別墅。

從腳下土地出發，採集淺山植物做藝術

「先帶你們在庭院繞一圈，看看這裡的植物，大概就能了解工作在做什麼了。」茂密的樹冠擋去了日正當中的酷熱，林彥伶導覽著自家庭院，感受舒服的涼風在林間流竄，聊起植物，她就像是一部植物百科，相較容易製造環境污染的化學染，林彥伶表示自己偏好友善環境的植物染，她運用各種植物的花、果、根、莖、葉、種子作為染料，取自於自然的染劑，染完倒掉後也能被自然分解，且效果上和化學染不同，植物染成色典雅，雖然沒那麼鮮豔，卻能從中感受到溫潤的變化。她指著薑黃表示，這不但是植物染常運用的黃色染料，薑黃本身更是有助消炎、活血的養生聖品；薑黃一旁的茄苳樹是偶然自己發芽的，台灣原生種果然適應力強，不到幾年就長到與人同高，除了做染料，還可以煮雞湯；七里香若在開花之前取材就能染出飽滿的翠綠色，開花之後（色素較少）顏色則會漸漸褪掉。鑽研植物染後開始加深她對植物的認識，何時開花、凋謝？何時採收能染出最美的顏色？都有訣竅。

擅長運用植物創作的林彥伶，材料幾乎都是從庭院或附近山林採集的，她的創作靈感來自大地，每一件作品都像是植物送給她的禮物。黃蝶翠谷裡的葛藤、柚葉藤、山葡萄藤、海金沙……都是林彥伶愛用的編織素材。曾經在元宵節時在當地社區帶手作燈籠工作坊，就是利用葛藤編成圓球做燈籠。因為與美濃愛鄉協會理念相近，雖然身為移居者，卻透過和協會一起辦活動，很快與美濃人打成一片。她堅信美濃的自然、風土就是最珍貴的寶藏！山林滋養著美濃人，也希望這份純樸能夠永遠被珍惜。

4／看似脆弱的植物纖維都能透過搓繩成為強韌的繩子。
5／透過熬煮染材的莖與枝葉萃取顏色的角落所在。
6／自家庭院種的三角葉西番蓮，藤蔓可用來編織。
7／金字面山，尖聳陡峭裸露感十足的岩壁是其特色。

8／工作室的角落，花草植物成為創作的顏料。
9／林彥伶運用當地曬乾的稻稈，示範捲繞技法編織墊子。

當草木成為支持生活的力量

談到接觸天然纖維創作的起源，要追溯到林彥伶剛從北藝大美術系畢業時。當時因為接到林懷民老師委託製作雲門舞集《九歌》的面具，於是她運用了稻草、瓊麻、高粱桿……等天然纖維製作面具的效果。回想當時，天然纖維還是在台北後車站材料行非常容易取得的年代。

2008年雲門不幸發生大火，這批《九歌》面具卻奇蹟似地沒被燒毀，雖然面具箱炸裂，但面具卻只有些許燻痕。旋即林彥伶再次接獲任務，要在十三年後復刻這批面具。由於其中一個面具需要獅鬃效果得用到草繩，翻遍了台北材料行，只能找到品質不佳的中國製草繩，後來聽說高雄還有生產稻草繩的店家，循線上門，卻發現店家製作的草繩僅是陶甕上的零件，心灰意冷的她決定買瓊麻自己編繩，費盡一番心力找到販售瓊麻絲的美濃店家，因為沒有零售，最後以美濃紙傘和店家作為交換。為了復刻這批面具，林彥伶在尋找材料的過程中發現，經過了十三年，台灣這些生產天然纖維的產業早已沒落，大多改由中國進口。為了想讓大家察覺傳統產業的重要性，秉持著對土地的疼惜與認同，她開始積極運用自然素材推廣傳統工藝，並帶大家認識天然纖維。

「運用植物創作就是我的生活！」謙虛的她表示自己從來都不是一個人獨自創作，而是有許多前人的參與，她只是把那些被遺忘的古老智慧找回來而已。那雙熱愛工作的雙手一刻都停不下來，就連看電視都在編織，別人是看電視，她是「聽」電視。天然、無污染是植物纖維創作的可貴之處，林彥伶孜孜不倦取法自然，她滿足地微笑：「身心在創作的過程中也全然地被療癒了。」

順應四時變化藉助草木的力量，
是人與自然的最和平、良性的循環。

手中的陶，運行著美濃的金、木、水、火、土——鍾建志

單純使用陶土，不上釉藥，經過柴燒後卻能因為窯變與落灰產生各種迷人的變化，崇尚自然的美濃陶藝家鍾建志，善用美濃的金、木、水、火、土，讓每個陶作都擁有獨一無二的表情。陶土本身所含有的金屬成分、使用當地果農修剪下來的樹枝當作燃料、讓陶土泡水長青苔改變土質、在陶土中混入當地砂石增加粗糙感……等，鍾建志運用在地元素，並以最古老、原始、自然的柴燒方式，創造出奠基當地五行所浴火重生的美。

撰文・曹沛雯
攝影・陳志華

1

01

漬物用陶甕
圓滿封存季節滋味

為了避免食物迅速腐敗，漬物是一種與時間抗衡、維持食材風味的智慧，客家族群尤其擅長這種保存食物的技術。當各種蔬果盛產時，農家便將食材先大量醃漬起來，成為經年都可食用的旬味。

鍾建志的廚房裡擺滿了存放漬物的大陶甕，他用那瑪夏的梅子、藤枝的李子、美濃當地的芥菜、蘿蔔……等在地好食材，透過時間的醞釀製成了醃梅子、酵素、菜脯、蘿蔔葉乾……等漬物，填滿了一個個時光寶甕。

1／每個陶甕都是靜靜與時光交會、等待熟成的智慧寶甕。
2／不上釉，以陶土本身和落灰呈現自然的變化。
3／酒壺和酒杯呈現的紅來自土中的礦物質。
4／從六龜收購山茶回來自己烘焙製茶。

3

4

2

02 茶壺／茶杯 酒壺／酒杯

體會傳統柴燒陶的變化萬千

菸樓陶藝皆以「柴燒」製陶，柴燒是最傳統的製陶方式，它的迷人之處在於土坯即使不上釉，憑藉陶土本身所含的金屬元素，再加上窯燒過程中的火、煙、柴灰等交互作用後，自然形成的色澤、肌理、紋路，既豐富又千變萬化，而且每個作品都不一樣，總是帶給人獨特的驚喜。

茶間把玩著手中茶杯時，讓人感受到了泥土般的質樸與自然。講究自然養生之道的鍾建志，除了自己製作茶壺、茶杯、茶碗、茶海……等茶道具，也自己製茶，經常在附近山區如六龜收購山茶回來自己烘焙。對於水質要求更是馬虎不得，煮茶、釀酒的水，都是開車去高樹取大津瀑布的山泉水回來使用。

5／因應現代生活飲食習慣，不擂茶改擂咖啡。
6／工作室外就是綠油油的田園景致。

03 擂茶茶碗 與芭樂樹擂棒的在地絕配

擂茶為客家傳統茶點，「擂」即「研磨」之意。首先將茶葉、芝麻、花生、玄米等原料放進陶製的擂缽中，再使用堅硬無毒樹種所製成的木棒，利用擂缽表面溝紋與擂棒之間的磨擦將材料研磨成細粉，最後再加入熱開水沖泡。鍾建志自製的柴燒擂茶茶碗，平常除了帶客人體驗客家擂茶，自己也用來擂咖啡豆。取用院子裡硬度高的芭樂木製成擂棒，就算不小心把木屑一起擂進碗裡，喝了對健康也不會有害。「米酒配花生，咖啡配地瓜最對味！」早晨醒來，他一定先烤份地瓜，然後慢慢為自己擂杯咖啡，做為每日開始的儀式。

7

8

傍晚的秋陽將美濃田園渲染成一片金黃，位在龍肚大崎下的菸樓陶坊，主人是陶藝家鍾建志。熱愛美濃田園生活的他居住在這座擁有菸樓特色的建築中，除了推廣陶藝，同時也分享客家生活與文化之美。

返璞歸真的田園生活

茶桌上的他正緩緩地煮水、溫杯、置茶、注水、候茶，最後將茶水倒出，氤氳而起的蒸氣帶出茶香，望著窗外隨風搖曳的香蕉葉，瞬間撫平了躁動的心。品嚐茶水清甜滋味的同時，也把玩起茶桌上以柴燒製成的各式壺、杯、茶海、茶置等茶具。因燒製過程自然產生的落灰、火痕、窯變，與容易控溫且成功率高的電窯及瓦斯窯相比，柴燒窯多了反璞歸真的美感。火焰、木灰與土的自然結合，追求自然樸實美感以及溫厚的觸感，像是人們厭倦了極度精緻化，返璞歸真後所產生的新審美。

鍾建志卻感嘆：「我的作品不容易讓人一眼就喜歡，很多客人看了價格，最直接的反應就是：為什麼看起來灰灰土土的杯子要賣這麼貴？」但他總是不厭其煩地分享柴燒陶的美妙之處。他以傳統方式製陶，以柴火燒窯，放進柴窯裡的土坯雖然不上釉，但靠著陶土及燃燒過程中的火、柴灰、煙，就能產生出千萬種變化。「松木落灰偏黃，龍眼木偏綠，芭樂木則偏灰白。」手上握著柴燒陶器，鍾建志為我們解說器物上的顏色肌理如何形成時，眼神有光。他指著櫃子上另一個上了釉的杯子表示，如果上過釉的陶器像上妝的女子，不上釉的柴燒陶就像是素顏的清秀佳人。

菸樓，兒時最美的記憶

退伍後原本在北部從事電工技師工作，因為不喜歡制式一成不變的工作與生活，鍾建志不到兩年後就決定返鄉。回美濃後開始

7／對應不同飲食用途的柴燒陶器皆出自鍾建志之手。
8／保存於陶甕裡的蘿蔔葉乾。
9／鍾建志的柴燒窯位於菸樓建築後方。

接觸陶藝，並選擇以原始自然、不上釉藥的柴燒方式製陶。在鍾建志心中，菸樓是美濃與童年的象徵。「小時候每當烤菸葉總是全家動員，大家一邊輪班顧火，一邊取暖。」童年在菸樓顧火，如今在柴窯顧火，他覺得烤菸葉和顧窯有許多相似之處。烤菸草的溫度大約八十到一百度，窯燒的溫度是一千三百度。菸草需要烤七到八天，窯燒需要燒四到五天然後放涼，大約在第十天開窯、出窯、整理，漫長的製程鍛鍊人的心智，讓鍾建志懂得慢下生活的步調。

鍾建志將家族的菸樓打造成陶藝展示中心，並讓遊客來此體驗陶藝、烤披薩、擂茶、認識菸樓建築。2010年甲仙大地震，不幸將原本工作室所在的老菸樓全毀，目前的工作室是新建的仿菸樓建築，屋頂保有了「太子樓」，這是突出於建築斜屋頂之外的通氣窗，在烤菸葉的過程中，可應用熱空氣上升原理將熱氣從太子樓排出。

10／柴燒窯的燃料來自於當地果農修剪下的樹枝。
11／顧窯的貓咪「招財」。
12／陶盤裡留有燒製過程與稻稈、葉子交集的痕跡。

在山中打造屬於自己的窯場

為了蓋窯，鍾建志與會說日文的陶藝同好結伴拜訪「日本六大古窯」之一的備前窯。超過千年的歷史的備前燒，至今仍採用日本最古老且崇尚自然的製陶技法，接近鍾建志理想的製陶方式。返國後，鍾建志在旗山山區找到一個偏僻之處，建設屬於自己的窯場。他在自學過程中力求進步，在每次燒製的過程中一定仔細記錄：時間、溫度變化、木柴堆放法、坯體大小……每次窯燒幾十頁密密麻麻的筆記成了精益求精的依據。如今從事陶藝創作已超過三十年的鍾建志，已在夢想的路上開花結果，如陶土在窯中烈火淬煉後的美麗。

善用美濃土地五行，
讓每個陶作都擁有獨一無二的表情。

善的循環與利用，廢材木料的第二生命旅程——西拉雅工作室謝一羊

位在美濃金字面山山腳下的西拉雅工作室，主人是人稱「阿善師」的謝一羊，他將當地蒐集而來的廢棄材料、剩餘木料，重組再利用製成桌、椅、爐具、櫥櫃……等家具，甚至是房子的窗戶、梯子、吧台……等結構，打造出像「霍爾的移動城堡」一般的奇幻家園，也像是一座裝置藝術美術館。

撰文・曹沛雯
攝影・邱家驊

1

01 烤爐

與朋友共享的多功能烤桌

工作室戶外有個以竹子搭蓋的遮雨棚，這個半戶外空間是謝二羊與朋友們聚會，以及舉辦工作坊的主要活動空間。裡頭有個醒目的裝置，由廢棄卡車輪胎鋼圈所製成的金屬爐身，這是一個多功能烤桌。

一般烤爐通常只方便由一、兩人操作，但圓形烤桌卻可以讓大家同時一起圍爐分工讓氣氛更加融洽。除了烤肉，熬湯、煮水泡茶也很方便。值得一提的是頭頂上遮雨棚的竹子，一、二十年前早先屋主搭建的部分直到現在都保存良好，反而是後來補上去的都被蟲蛀光，謝二羊後來發現原來竹子裡藏有古人的智慧，因為在竹節裡灌了油，所以才能有效防治蟲害。

1／朋友最愛圍坐的烤桌，平常燒水泡茶、中秋烤肉都是歡笑所在。
2／章魚柴爐是煮食給雞鴨吃的飼料廚房，每天準時傍晚啟動。

02 章魚柴爐 廢五金拼裝給大小動物的愛

在謝二羊製作的物件中可以發現他愛物、惜物的個性，他認為每樣材料的長度及寬度都有價值，所以盡量不裁切物件。像這座善用廢五金拼裝出的章魚造形小柴爐，是謝二羊每天都會用來烹煮家裡大大小小動物們的飼料。食物主要材料為麥片拌入米糠、玉米、酒糟，本來是煮給雞、鴨吃的，沒想到狗兒也會搶食。除了料理動物們的餐點，也會用它煮飯、燒菜，燃料是山上撿來的木柴或廢木料，除了節能省電，謝二羊表示用柴燒煮的米飯更香甜、更美味。

自建畫室外設有一處小型半戶外廚房與餐桌椅，除了實用性，觀察所選用的回收材料也很有趣味性。

03 餐桌椅 裝置藝術般的存在

報廢車輛一旦進入資源回收廠，經拆解過後不是燒掉就是熔掉，而且銷毀過程既耗能又會產生廢氣。謝二羊除了將汽車座椅加工變成舒適的電腦椅，還將輪胎、鋼圈、廢五金、廢玻璃再利用，重新製成餐桌椅。畫室外的大餐桌，是謝二羊繪畫創作的空間，250公分乘上90公分的大小除了工作，還可以滿足聚餐、喝茶等各種生活機能。底部安裝輪子方便移動，為了適應鄉間高低不平的地勢，桌腳還可調水平。並運用廢鋼筋、廢輪胎製成椅子，為了搭配餐桌，同樣也可以調整高低、水平。

3

西拉雅工作室位在被美濃人稱之為榕樹窩的小山谷，據說以前有棵大榕樹盤踞於此因而得名。庭院裡有貓、狗曬著太陽，雞、鴨在散步，圍籬裡的黑羊正埋頭吃草，圍繞著工作室的是熱鬧非凡的動物農莊風景。開口向東南的山谷每日會迎來從中央山脈升起的日出曙光，因為地形，白天風會從美濃平原吹來，大冠鷲就順著氣流而上，時常可見牠們在閃耀著金色光芒的金字面山附近盤旋。這裡是午後雷陣雨頻繁的淺山地區，因為水量豐沛，加上地處玉山南尾，寒冷的東北季風被阻擋在外，讓這片向陽面的山谷擁有充足溫暖的日照，所以秋冬依然是農作物生長旺盛的季節。

環保，成為一生的志業

台南七股出生，高雄市區長大的謝二羊，曾在台灣濕地保護聯盟任職。懷抱環境

7

6

保護的初衷，四十五歲以後，他一直在尋覓一處能夠推廣友善農業，又能兼顧生活的地方。當時有機農業的概念正在美濃萌芽，於是謝二羊最終選擇移居美濃，並運用自己的藝術創作專長與在地文化接軌，實踐理想的環保生活。

起初，他曾經嘗試用自然的方式，讓草長回土地，他養羊、養雞、養牛，並開闢梯田種菜、種稻，預設打造一個出生態循環型牧場，自給自足，也能照顧環境。只是沒有料到這片山坡地的地下伏流流得太快，無法蓄積涵養足夠的水份，於是宣告失敗。雖然生態循環型牧場的夢破滅，但他依然在美濃實踐著以廢舊物料再利用，這種友善土地的生活方式，建立出理想的居家空間。從都市來到美濃的謝二羊，戒除城市中依賴物質的生活習慣，將生活中製造的垃圾減到最低。

3／一磚一瓦自己動手蓋起的畫室。搜集來的舊窗戶恰好重組成兩面牆。
4／烤披薩招待客人的土窯，也是自己用泥土和磚建造的。
5／廚房裡用來收納刀具餐具的架子也是廢材再利用。
6、7／自在漫步在小農場中的雞、鴨、山羊，也共享著榕樹窩的自然環境。

8、9／山腳下的廢五金也能變身童趣的動物裝置，也是表達對土地的善意。

善用舊物、廢料，為夢想發電

回想自己接觸舊物舊料的契機，謝二羊表示：「小時候牛仔褲很貴，當時跑香港輪船的姐夫說想要送我一條舶來品，但被我拒絕了，我認為去高雄舊物市場挖到的二手衣就很好，其實從小我就不排斥舊，並且喜歡舊。」四十四歲時他參加了陳玉峰老師所主辦的生態研習營，那時候是第一次體認到自己長到這麼大，一直都是從土地拿東西，現在該是回饋點什麼的時候了！於是他毅然決然離開都市，期許自己的生活盡可能不要再用到必須重新生產的物品，尤其是石化產業製造的塑膠用品。對於電力、瓦斯的使用也很節制的他，利用屋頂的一百根水管，將曬熱後的熱水蒐集下來使用，陰天的時候則利用枯枝燒水。

他讓廢料重生，使用從資源回收廠或親朋好友淘汰不要的東西，搬回來後先做初步清潔，然後儲存，後續再運用零件或材料打造出各種生活器物，或裝置藝術。其實用舊材料製作器物，遠比買新的更麻煩，更費力氣，但謝二羊不怕。這裡土地雖大，但主要都是植物與動物在使用。為了收舊料，謝二羊不怕辛苦花心思去整理、搬動、收納，平面空間不夠就往上堆疊。由於工具太多，為了方便找，工作室的層架都是開放式的。謝二羊為了因應需求，將工作室用心打造成最適合自己的樣子。

當物品原本的用途消失之後該如何賦予它們新生？謝二羊打破了物品給人的刻板印象，花費巧思將它們重組成嶄新的面貌。他用一雙藝術家巧手，加上友善環境的思維，持續為夢想發電。

廢舊物料的再利用
也是一種對土地善的循環。

+Pause & Plus + 郊野採集1

旗靈縱走，大開眼界的淺山之美

口述：張正揚
文字整理：謝欣珈
攝影：陳建豪

住在美濃，會發現山總在那裡。有時碧綠，有時烏雲罩頂，有時開花轉紅的竹林像雙頰初戀的紅暈，薄霧像隆重晚宴的紗裙——怎麼也看不膩。站在山腳，讓視線畫稜線起伏，不如身體進入山徑，開拓五感記憶。時而陽光灑落葉隙，時而手腳並用攀上山頂，稜線上的裸露大石被曬得發燙，跟著前人善心鑿出的踏點落地就不怕受傷。最舒心的還是彷若無垠的展望，最遠能望見大海，把目光一點一點往前收，飛越河床與丘陵、山谷與平原，都是祖先討生活翻山越嶺的路線。當知道美濃山系就是玉山山脈的尾椎，就會心滿意足地想：「登上與登玉山一樣榮耀！（註）」

註：這句話來自旗尾山有面告示牌上的文字。

帶路人——張正揚

張正揚，住在美濃人頭山下，小時候時常往山裡跑，現在則熱愛邀請朋友一起「旗靈縱走」。高中離家讀書，大學畢業後兩年返鄉，先後於美濃愛鄉協進會、旗美社區大學工作，現為旗美社區大學校長，致力於農村、自然與人文生態等議題。

旗靈縱走
楠梓仙溪
941階梯
3號登山口
2號登山口
1號登山口
旗山車站
旗山糖廠
北旗尾山
(113m)
旗尾山
(318m)
福美山
(334m)
大金字面山
(330m)
人頭山
(390m)
靈山三角點
靈山橋頭
福德祠
美濃溪

Q1：住在三面環山的美濃，記憶中的山是什麼樣子呢？

我覺得對山的親近有兩種方式，第一種是為了生計的大人，如割竹筍、挖樹薯、砍竹子編農具、家具。我是第二種，遊戲的孩子，童年的時候很常跑到山上去採野果、砍釣竿，對山充滿幻想，也有很多歷險的經驗。我讀福安國小時，學校郊遊一定會帶我們從靈山橋頭的伯公祠走到雷音寺；但我們更喜歡三五成群，不走大路，而是循著旁邊的小山溪跑跳上山，跳的時候你要邊跳邊辨識哪一塊石頭比較穩，腳站上去不會晃，可能是有這樣的經驗，後來我去溯溪的時候就很俐落。

小學三、四年級時，聽大人說翻過靈山就可以到杉林，我跟兩、三個同學就說好一起去。因為我們都在山上玩耍長大，對走山路不會這麼恐懼，會認「光生」（客語）的路，也就是樹枝比較稀疏的地方就是路跡，

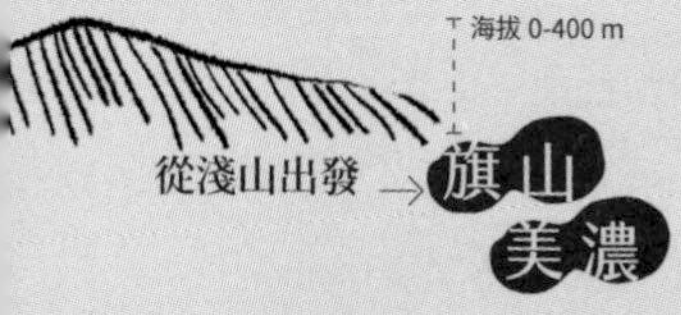

1／幾乎都走在稜線上的旗靈縱走。整路是遠眺美濃與旗山聚落的絕佳視角。
2／走在山上幽靜的竹林小徑，對張正揚而言有回家的儀式感。
3／這趟路的起點是靈山橋頭福德祠。出發時遇上猴群。

邊走邊探險，到了山腳下和當地人說我們到杉林了，他卻說不是，這個地方是旗山的口隘，想說剛剛走山路其實沒有很遠，就要走回去，他連忙阻止我們，說沒人會這樣走的，太遠了，勸我們坐公車回家。這是很特別的冒險經驗。

我們家在人頭山腳下，山就像是我的後院一樣；有一次自己做的風箏斷線飛了，我也不知道當時為什麼有憨膽，就覺得山是我熟悉的地方，就自己一個人上山去找，花了一些工夫找到。還有暑假每天去釣青蛙，釣竿都要自己去山裡砍，這些都是我跟山打交道的經驗。不過最普遍的還是要去山上撿柴回家燒洗澡水，大人有需要技術、高勞力的工作要做，於是撿柴就落在小孩身上。

Q2：為什麼喜歡旗靈縱走這條登山路線呢？

現在的小朋友沒有玩伴，到山上必須有伴，除了壯膽，還可提供經驗和幫忙。農村裡像我這樣年紀的人留下來的不多，也不見得會有小孩，沒有玩伴可以一起上山，所以山的童年經驗在我的下一代就形成斷代。有時候想起這件事情，會覺得無奈跟悲哀，所以就會去回想童年，去接近童年。

另外一個原因是我在縱走的時候會感覺「家園」與「儀式感」。在我穿過竹林拱成的隧道時，有一種靜謐、幽深的氛圍，好像要進入一個特別的地方，會讓我想到以前在北部客庄當兵，不像南部客庄是集居，他們通常是單家園屋，屋前的通道常種一些防風的竹林，我非常有感，我覺得那是一種回家的儀式感。而且在穿過幽密的林徑之後，忽然間豁然開朗，光線的變化帶來行進的節奏感，非常迷人。

5

4

其實我直到2008年才第一次旗靈縱走。當時有點好奇從山上、從稜線上看美濃是什麼樣子？加上我在社大工作，常常探討地方知識，淺山地區的居民從山裡擷取生活資源，一定有一套知識基礎。但是生命就是常常發生你無法預測的事，在山裡走著走著，童年的記憶就跑出來了。不過當時體力還不太好，下山之後鐵腿一個禮拜，就不太敢再去走，一直到2018年再次跟著社大的課程上山，與山連結的開關又被打開，童年記憶和地方知識的探討相互碰撞，讓我覺得這個東西實在太棒了！開始一天到晚邀人一起走。

Q3．旗靈縱走沿途會經過哪些山頭與風景呢？

旗靈縱走有兩種方向，一種是從旗尾山到靈山，一種是從靈山到旗尾山，不過「靈旗」有其意涵，所以我們都用「旗靈縱走」來稱呼。我兩個方向都走過，但是比較喜歡從靈山出發，除了有大空地方便停車，還有一座橋頭伯公，在上山之前能先許願祈求平安順利。「伯公」在美濃非常普遍，大概有四百多座，屋後田間或是交通樞紐處都有，我們從小到大耳濡目染，非常相信伯公對我們的保佑，尤其上山是有風險的行動，在這裡拜一下會比較心安。

從橋頭伯公一路上去會到先雷音寺，過了雷音寺之後會比較陡，如果從旗尾山過來，最後一段到這裡已經體力用盡，走下來時腳常會抖；反方向的話，在體力充沛的時候走陡的那一段，常會萌生「哇！我真的可以走完嗎？」的念頭。

轉個彎看到靈山頂伯公就知道抵達第一座山頭了，往右邊走可以去月光山、雙峰山，甚至到笠山，但是路跡比較原始，不好走。伯公旁邊是一個奉茶站，會有善心人士

6

4／靈山頂福德祠的奉茶處。
5／往旗尾山前進時，會經過「千年海底石」特色岩壁。
6／需要手腳並用的行走稜線。稜線上最常見的露出岩層名為糖恩山砂岩。

提水上來煮，有白開水和茶葉兩種。常常有人從旗尾山過來，到這一站時已將水喝完，奉茶站的茶水成了及時雨，蠻溫馨的。

接下來就是比較原始的土路，也是我比較喜歡的路，不像水泥會破壞自然。兩旁有樹，太陽從樹葉的縫隙投射下來，有很豐富的層次，傍晚時的光線溫暖又閃閃發亮，感覺真的很美。人頭山頂有一個平台，是一個大眺望點，從旗尾山來到這邊可以鬆一口氣，因為要準備下山了。但我們從靈山過來，前面還有一大段路在等我們。

旗靈稜線主要出露的岩層是以泥質砂所沉積、膠結而成的糖恩山砂岩，觸摸岩石有些粗糙感，硬度雖不及火成岩或變質岩來得硬，但比周圍的沉積岩岩層硬，較不易受侵蝕而形成突出地表的山體。來到金字面山後面，算是旗靈縱走的中間，如果要到金字面山頂，還要往下走到山谷再往上爬，但路況不佳不建議。國中時書房窗戶推開即見金

7／山頂小廟為被稱作旗靈縱走最大休息站的「旗尾山祠」。
8／從靈山頂俯瞰旗山唯一的純客家聚落：雞油樹下。
9／遠眺旗山聚落。最前面的是「蕩耙山（tong pa ˇ san ˊ）」，越過楠梓仙溪後的聚落是圓潭、大林一帶，後面的山脈是烏山。

字面山，那時正值升學主義年代，金字面山一路伴讀，讓我後來在城市求學時，常常想起，是我的美濃鄉愁之一。

繼續往旗尾山邁進，會經過一個貼著「千年海底石」的特色岩壁，這是假日的塞車路段，大家都想在這裡留下紀念照。抵達福美山前還會經過一些展望點，可以邊走邊欣賞。過了福美山三角點就可以看見旗尾山了，三、四十分鐘之後，就會抵達旗靈縱走最大的休息站「旗尾山祠」，在這裡可以盡情飽覽美濃平原的遼闊與形狀像旗幟飄揚的旗尾山勢，也有很多人以旗尾山祠做為終點。其實旗尾山以前叫做「旂尾山」，就是旗子的意思，日本人來才改名叫「旗尾山」。下山的路有兩條，求快可以從總共941階的第三登山口下山，只要半小時；從較原始的一號登山口耗時長，要一個半小時左右，但是風景佳。

旗靈縱走有時要彎下身子穿過樹林和竹林，有時要拉著繩索攀附樹幹或岩壁上下

坡，但最過癮的是站在完全沒有樹林遮蔽的稜線上，盱衡逶迤起伏的山勢、左側阡陌縱橫的富饒平原，以及右側蜿蜒流淌的大河！

Q4：從稜線上鳥瞰，請為我們介紹周圍的地理環境與故事。

我常常覺得，要讓一個孩子喜歡家園、對家園有感情，找一個俯瞰點其實是很有幫助的，在俯瞰過程中心情會發生很多化學變化，產生對故鄉重新的認識與理解，看見自己生活的地方原來長這樣，在山下就不會有這種角度。

從靈山頂俯瞰，前面是杉林，底下的村莊是「雞油樹下」，是旗山唯一的純客家聚落，從前美濃竹頭背人會翻過這座山到對面的楠梓仙溪耕作，中午會在一棵巨大的雞油樹下面休息，地名由此而來。有一次住在雞油樹下的小鄧（鄧富雄）帶著兩個村裡的孩子從雞油樹下上來，我從美濃山下上去，在靈山頂伯公巧遇，當天很強烈感受到，原來我們是鄰居，只是被山隔住了！小鄧很積極想把從雞油樹下上來的路，開闢成一條可以給很多人學習、認識客家人的文化路徑，我覺得這是一個很棒的想法。

在稜線上往北和東北看，越過楠梓仙溪，對面是旗山的中正里、大林里，再來就是杉林了。人頭山俯瞰視野很好，是一處絕佳的地理教室。往西北看更遠的山頭是烏山，就是南化、玉井那一帶；朝左邊偏一點往西看，粼粼發光的地方是台灣海峽，在茄萣那一帶，天氣好還可以看到興達火力發電廠的煙囪。把視野拉近一點是大岡山，大樹丘陵旁邊是馬頭山。再轉頭往往南看看美濃，可以看間很多凹進去的地方叫做「窩」，例如底下是榕樹窩，再往旗尾山前進會經過泉水窩、大窩。還會看到一條彎彎曲曲的河，就是美濃溪，旁邊有三個橋墩，把灌溉用水架高，避免水圳和溪匯流的「水橋」。遠一點有兩座山，是大、小龜山，再過去就是高樹。從山上展望，就可以清楚看到美濃雖然劃在高雄市，但從地形上來看，是屏東平原的起點。

除了人頭山三角點，其他山頂也是很棒的教學點，例如從旗尾山祠看楠梓仙溪河階地形以及沿岸聚落的發展，莫拉克風災大淹水的時候，旗山的朋友說他們也登上旗尾山祠來看周遭水勢。

Q5：會建議第一次想嘗試旗靈縱走的朋友如何準備？

從一個住在山腳下，常走的居民來看旗靈縱走，其實難度不算高，只要結伴而行，謹慎一點，基本上沒有太大風險。但也有必須留意的事情，我有兩點建議：

第一點：要有基本的體力。因為旗靈縱走整趟路沒有撤退路線，一旦開始走，就只有「走完」或是「沿途折返」兩個選擇，所以要有一定的體力基礎，加上一些基本的登山準備，例如水要帶夠，至少要有1500cc至2000cc。山上有一些地方需要拉繩，可以戴手套，拉繩之前也要先試拉一下，確認有沒有因為風吹日曬雨淋，繩子鬆脫或斷裂。

第二點：可以事前做些功課，網路上有不少登山過程紀錄可以參考，先認識山、河流，以及平原的方位和名稱，還可以閱讀相關資料，了解山林的植物樣貌、山徑的故事內涵，如此當實地走入樹林，走上稜線時，就不僅僅是一場鍛鍊身體的健行，還是一場地方紋理的走讀。

當我們能自在地行走於山，感謝守護旗靈步道的志工們！

每年雨季過後，高雄市旗尾山環境保護協會會長洪永峰會帶領多位山友志工，利用假日帶著割草機、鐮刀、鋏剪等工具分組上山，修剪稜線步道上的雜草藤蔓、整理步道環境，照顧著山友們的登山安全。

繞著山路緩緩爬坡，
空氣和濕度都不一樣了。
向樹木、
向花草、
向山裡的人學習山林傳承的智慧。

Part 2
往更深的山裡去

學習與里山農村和諧共存的共好基地

——樣仔腳共享文化空間

後方貼著淺山山坡，前方是台灣第二大溪流荖濃溪，莫拉克風災後長出來的陪伴據點，重建階段向風災學習——思考與環境和諧共存的可行性，透過自然建築的工法砌牆、蓋灶、蓋土窯，留在山上的人，這十二年來，把面向未來往前延展的力量，一步一步蓋成共好的模樣。

撰文・黃怜穎
攝影・王倚祈

由左至右：曾曼華、呂月如、李婉瑜、劉玉修、郭雅倫、李婉玲執行長。

樣仔腳共享文化空間

所在地區：高雄・六龜區寶來里

農藝材料：竹／福木／龍眼木／黃梔子／檳榔／血桐／黏土／稻草／溪石／火山石／黃椰子葉／蘆竹

產品物件：土牆／土椅／綠屋頂／魚笱燈／植物染布／陶器／大灶／大灶風味餐／土窯／麵包／蘆竹掃把／編織餐墊

成員規模：7 人

檨仔腳周邊的山與人

這處寶來社區人文協會所創立的基地以「檨仔腳」（台語：芒果樹下）為名，兩棵超過百歲的土芒果樹就矗立在路的那頭，而「檨仔腳」正是六龜寶來里這帶最早開始發展的區域。沿著檨仔腳門前的南部橫貫公路一路往上就是玉山，寶來位在玉山山腳下，海拔高度涵蓋從四百到一千多公尺，從日治時代的樟腦生意往來，集中在周邊山區的原民族群和漢人的交流貿易，寶來隔壁的荖濃有從台南遷徙來的大武壠族芒仔芒社，美濃的客家族群移居至南六龜，１９７０年代，因林地開放政策從鄰近嘉義竹崎與南投移居到寶來開墾，使得當地農業和生活面貌，以閩南、客家居多，原住民族群則集中在更往深山的聚落，以近幾十年的時間跨距，來理解寶來如何靠山吃山，因多元文化產生各自獨特的變化，一如當地種植非常多的竹子，進而延伸的竹編技藝，以及山坡上的梅子，

實則和來自嘉義竹崎、南投的遷徙住民大有關係。沿著山脈，人逐水而居，協會執行長李婉玲說起：「這條主要的河流茎濃溪，從玉山下來，從天池埡口下來，灌溉沿途土地，孕育了周遭人的生活。」

向風災學習，重新思考自己和環境的關係

另一面，這條重要的溪流，又可能因氣候因素給人們帶來災害，「今天是我們先遇到，我們就先學習。」因莫拉克風災，當地成立的重建委員會是寶來人文協會的前身，受傷的大地和人心，那時沒有人知道「重建是什麼」，社區活動中心先提供給軍事與醫療體系運用，「我們就在思考，應該在活動中心以外的地方找個基地，讓寶來社區的大家有些事情做，不要坐在家裡擔心，叫大家來一起互相陪伴，隨便做點什麼，至少日子過得比較快吧。」

1／以土團、茎濃溪溪石等在地素材，一千人次的參與、費時近兩年的空間意象外牆。
2／從竹編夾泥牆延伸過來的竹意象空間陳設，結合植物染布、陶製洗手台、陶珠與竹簾。
3／寶來人文協會李婉玲執行長近年也致力串連周邊里山區域的地方力量。
4／採庭院種的黃椰子葉用來編織擺盤餐墊。
5／毛毛蟲筷架由夥伴工藝師製作，是寶來陶搶手商品，象徵風災重建的重生蛻變。

6

7

檨仔腳的空間現址，是善心人士的閒置倉庫再利用，簡單整理，撿拾搜集淘汰的課桌椅，住家與陶窯皆遭風災沖毀的陶藝家李懷錦也是當地人，首先以擅長的藝術創作展開陪伴，先是在這裡教社區媽媽們捏陶，沒多久又來一個颱風，把屋頂吹垮了，再度捎來訊息給沒有退路的居民：該如何重新認識自己跟土地、環境的關係？要如何與之抗衡或和諧共存？如要重新整理社區據點，能不能透過早期傳統的建築工法、運用在地的自然素材來建造；如果有天倒塌，能回歸給大地，房子的一部分是跟山林借來的，能再度成為土地的養分，而不破壞環境？回不去了，只能往前走，檨仔腳有一群人，練習從自然建築的思維之中，找到一條陪伴彼此的路徑。

9

6／細細處理著龍鬚菜的夥伴，下一秒變陶工作坊講師，每位夥伴皆是「斜槓」高手。
7／大灶餐菜色之一，改良自泰式、變身為在地口味的梅子打拋肉。
8／包入當地金煌芒果乾的麵包。天然酵母也是自己養的。
9／古早味大灶、造形土窯、菜蓋，每一樣傳遞風土的設施，皆是社區的大家一起動手參與慢慢長出來的。

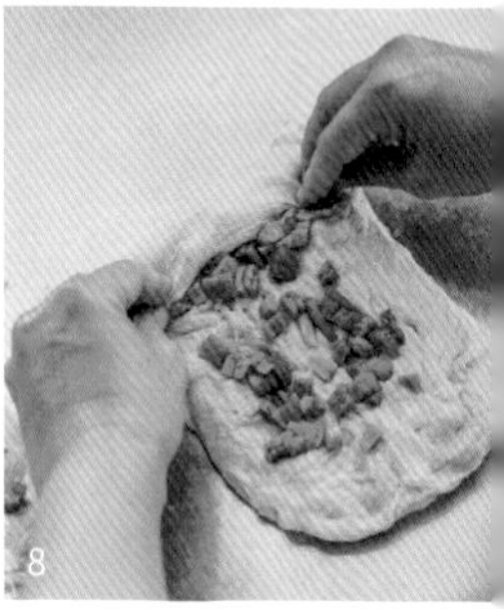

8

用在地材料和回歸傳統自然工法，是創造也是傳承

找社區的人才師資、用寶來的花草材料，相互陪伴的日子捏陶、植物染布，遇到過節的時候，想要一起在空間裡炊粿包肉粽，問十個阿嬤有八個說她炊粿最厲害，「社區沒有灶，我們就來做灶，透過共同營造一件事情，凝聚大家的情感。」從蓋大灶開始，樣仔腳慢慢長出自己的樣子。

李婉玲說起大灶的傳統工法不是水泥跟磚，而是泥土等自然素材，外表鋪磚是為了好清洗與工作，檯面更燒製拼貼陶片，從建造就開始了傳統技藝的「傳承」，再到後來透過大灶帶著寶來國中小的孩子們炊粿、包粽，藉由飲食，手作技藝延續下來變成孩子們的記憶。年輕人想吃烤披薩，大灶旁接著長出一座饒富趣味的造形土窯，懂蓋窯的陶藝家李懷錦帶著大家用黏土蓋窯，再找烘焙老師教大家養天然酵母做麵包。

空間建築體最外頭的波浪牆更匯聚了非常重要的意象，耗時近兩年，一千多個人次的協力，將黏土、沙子、稻草、稻殼等自然素材以夯土的概念，踩成土團，稻草為鋼筋，以弧度造形作為結構支撐，下方堆疊的是荖濃溪的石頭，慢慢地蓋好了這道門面。建造期間，每天路過的老人家，被喚醒了早期台灣搭建土角厝的記憶，李婉玲邀請長輩幫忙室內的一處角落想辦法，就這樣又長好了一面塗上白色石灰的竹編夾泥牆，「我們的自然建築老師也不一定對每種竹編技法都有了解，來看老師傅的工，是一種學習，這就是一種相互的技術交流，在參與的過程裡面，大家都有所收穫，這個空間是大家一起養成，一起成就的。」李婉玲形容樣仔腳的從裡到外，串連了很多人的心意與參與，織成一片堅韌的社區網絡，至今走過十二年，慢慢地掌握自己能做的、動手實踐自己想做的，讓空間可以長出屬於樣仔腳的多元樣

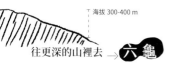

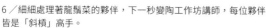

10／盛著薑黃飯的陶碗、葉形盤、杯、筷架、植物染餐墊杯墊皆來自檨仔腳的夥伴手作。
11／炒龍鬚菜的破布子來自於庭院的破布子樹。

貌。門口還看得見的磚裸露在外，可是還在進行中的未完成呢。

繼續長大的共享空間，每一個互動時刻都在發散影響力

將閒置倉庫以當地素材改建成複合式的社區工坊，捏陶、染布、做麵包，樣樣都是請益專家再精進學習，最初並不是以做生意為出發點，一處能好好陪伴彼此的據點，就是社區最深厚的力量，社區的夥伴們從這個空間累積了許多，進一步以「寶來陶」、「日作染」、「土窯胖」三個品牌產品向外連結，創作出榮獲國家獎項的生活工藝，更長出營運空間的能力，近年更拓展出不侷限於實體空間的影響力，協力培訓六龜十八羅漢山生態導覽員、辦一年一度的「好集市」串連六龜區域的店家小農，檨仔腳的基地盪出漣漪，不外乎想讓生活在這裡的人更幸福快樂。

夥伴個個是農村工藝師，除有能力帶領陶藝、染布等DIY課程，也都是大灶風味餐的廚師，八道菜的餐食設計隨季節吃在地、吃當季，發揮大灶以柴火緩慢蒸煮滷燉的特性，設計出從涼菜到熱湯的層次體驗，現採庭院的黃椰子葉片編成擺盤裝飾，防蒼蠅的菜蓋也是自行設計請當地木工製作的，「來到這個地方，有很多我們想要表達的心意讓大家知道。」當從大灶鍋裡盛上一碗八月豆排骨蘿蔔湯，從檨仔腳的空間到餐桌上的陶製碗盤、植物染餐墊，每一個細節都在重新跟山林學習共存，都關連著環境教育，感受到入口的季節滋味在身體裡飽滿明亮，這是檨仔腳夥伴們蘊積了許久與你共享的風土日常。

CoLumBIA
FRESH CAFE DO
JAMAICAN

共創空間裡外的自然夥伴

成員搜集這些大自然的材料，透過串連自然建築老師、陶藝家、社區長輩的傳統手藝，為花草植物泥土等自然物創造了不同的價值，每一項陳設也是風災後互相陪伴走過的見證。當再走入山林去感受這些自然的美時，將能懂得欣賞不同的生命價值。

布織竹——共享 蓄勢待發的意象

桂竹編織結合植物染布成一隻隻大風箏，除有遮蔽水溝的美化用途，「不知足」提醒大夥不要滿足於現狀，繼續往前行。

魚筍燈——共存 與溪的古早記憶

捕捉溪魚的古早用具，也是大武壠族的祭典器物，老家在嘉義竹崎的協會夥伴喚回小時候的竹編技藝，帶著大家編造而成，外頭更糊上畫了寶來春夏秋冬的點綴。

竹編夾泥牆——共造 傳統建築智慧

社區長輩親自指導參與，以生長在高海拔的孟宗竹較粗作為支撐，以桂竹片交織夾層，表層塗上石灰混有麻絨，增強壁面不易剝落。底座基石是來自鄰近樂樂埔的火山熔岩石。最後畫上飽滿的金煌芒果腳，正是一步一腳印的「檨仔腳」。

蘆竹小掃把——共探 在地素材的再發現

不是河床邊常見的蘆竹，而是少見生長於峭壁上的蘆竹，曬乾後拿來綁成掃把，是夥伴們調查聚落花草植物時的學習與收穫。

奉茶亭——共學 自然工法的許多運用

以漂流木與紅磚組合為桌，太粗壯無法直接作為燃料的龍眼木就拿來當椅子。這是一座有集水系統的涼亭，人力踩踏集水器（照片左下方）將收集的雨水澆灌到屋頂，最初還在屋頂種過菜呢，就算不種菜也是一處容納四季生命的綠屋頂。

透過麵包，將部落的人和食材包容進來

——蝶。Svongvong 手感烘焙

受到濁口溪貫穿的茂林，有龍頭山、蛇頭山、龜形山所組成的高山峻嶺，有美麗的瀑布、峽谷景觀羅布。位在茂林里東側、濁口溪與支流木勝溪交會處的茂林谷，原名「羅木斯」，是魯凱族語「美麗的山谷」之義。沿著羅慕斯林道往更深的山裡走有一片石板屋群，這裡是「得恩谷生態民宿」，同時也是「蝶。Svongvong 手感烘焙」的中央廚房。走進民宿，烤好的山蘇丹麥捲剛剛出爐，開放式廚房飄送出溫熱的麥香，讓人忍不住深吸了一口氣。

撰文・曹沛雯
攝影・盧昱瑞

蝶。Svongvong 手感烘焙

所在地區：高雄・茂林區
農藝材料：紅藜／山蘇／鬼杪欏／刺蔥／香椿／馬告／樹豆／山肉桂／月桃／野薑花／青芒果
產品物件：紅藜酵母麵包
成員規模：6 人

1

1／陳彥君（大頭）與家人。
2／會飛到茂林山谷過冬的紫斑蝶。

純淨的山林是茂林人最珍視的寶物

每年入冬之際，大批的台灣紫斑蝶會隨著季風南遷到高雄、屏東交界一帶的山谷過冬，成千上萬紫斑蝶飛舞覓食的生態奇觀，讓茂林成為著名的生態旅遊勝地。夏天來到茂林，也有適合健行、避暑、賞瀑布的森林步道。最近在茂林遊客中心裡開了一間使用在地食材做麵包的小舖「蝶。Svongvong手感烘焙」，讓任何季節都適合為了美食而來到茂林。

「你們來的正是時候，前幾天山上下了雨，瀑布水還很大。而且隨著天氣轉涼，紫斑蝶也開始出現了。」得恩谷的主人，同時也是麵包坊主廚的陳彥君（綽號大頭）為我們介紹著附近的環境。民宿所在的平臺和附近種植農作物的旱田，都是早年由族人在陡峭的山坡上開墾出來的，起初種小米，日治時期改種旱稻，目前主力是種植果樹。當年大頭擔任教職的父親，也是一邊教書一邊種荔枝，直到退休後才蓋石板屋經營民宿。

「這幾棟石板屋，當初都是父親帶著我和哥哥一片一片疊出來的，父親在去世前都還努力蓋著，最後的這棟因為當時身體不好體力差，相較起來就沒有其它疊得整齊。」聊起父親，大頭話裡充滿了思念。父親是影響自己最深的人，當初大學會選擇傳播系，是希望學以致用，未來能和父親一起經營民宿。為了推廣家鄉的好山好水，大學畢業後大頭還念了生態旅遊研究所。當地人非常珍惜自然環境，茂林之所以保有原始與天然，其實得歸功居民純樸的民族性。商業利益對茂林人而言並不是最重要的，大頭與茂林人都相信「自然環境才是最大的財富！」農民會挑天生就適應本地環境的物種栽植，例如耐旱的紅藜，未去殼的紅藜因為富有皂素，所以不容易招來病蟲害，只要在一開始的時候算好間距播種，一直到收成都不太需要仰賴人力照顧，更不需要用藥。為了做出有別台灣坊間一般重油、重甜的口味，大頭嘗試以「香

3

氣」設計麵包；某天靈機一動，拿了部落做釀造小米酒酵母菌用的紅藜，實驗性做麵包酵母，意外發現使用紅藜酵母做出的麵包香氣更加濃郁，也成為大頭麵包的一大特色。

將地域食材魅力溫柔地烤進麵包裡

因為被豐富的自然生態籠罩，大頭強調民宿裡一台電視都沒有，夜間生態導覽是得恩谷最精彩的重頭戲，每當客人入住，就會有專業的生態老師帶領大家遁入茂林熱鬧的夜色中展開冒險。穿山甲、蜘蛛、螃蟹、蝦子、烏龜、鱉、蛾、蜻蜓、獨角仙、鍬形蟲、蝴蝶……都是森林常見的夜間精靈。「荒野保護協會在民宿池塘裡發現了各種蛙類，台灣共三十六種的青蛙中，在這裡就發現了十七種。」純淨的水質除了孕育出各種青蛙，還養出了台灣萍蓬草，它是判斷水質好壞的指標性植物。大頭笑著說：「附近小學校長經常拿去測試學校池塘的水質，好

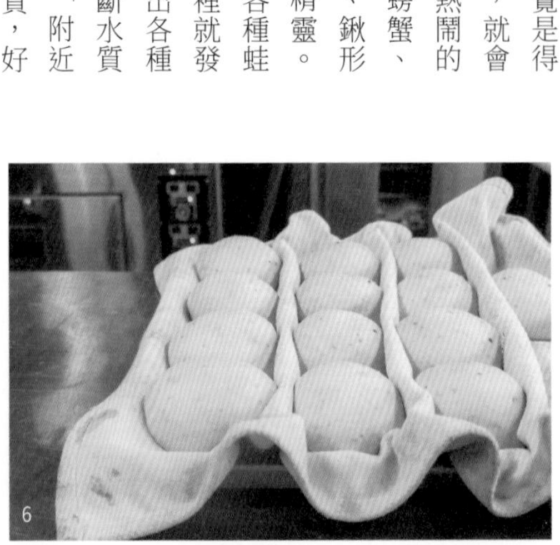

6

比古裝劇中的驗毒銀針，送實驗室化驗水質至少需要一個禮拜才知道結果，看台灣萍蓬草能不能存活只要幾天就能分曉！」仔細觀察，民宿園區裡可食用的香料植物和野菜特別多，大頭鑽進樹叢裡採了一些鬼桫欏，「鬼桫欏的嫩芽特別美味，稍微川燙一下涼拌就好吃得不得了。」另外刺蔥、香椿、馬告、樹豆、山蘇、月桃……也都是大頭會拿來做麵包的食材，山野成了麵包主廚的大冰箱，大頭將地域食材的魅力也一起烤進了麵包裡，「起初烤完麵包我都會分送給部落裡的人試嚐，再依照回饋的建議去調整成老少咸宜的口味。」為了善用各種部落食材大頭下盡苦功，因為並不是每種食材都適合拿來做麵包，但大頭總有辦法為不同的食材找到最適合的比例與配方。起初為了幫民宿增加特色才開始做麵包，無師自通的他跟著 YouTube 上的分享邊學邊做，不斷在五里霧中試誤學習，後來結識了會做麵包的朋友，功力也瞬間突飛猛進。

3／大頭手中的鬼桫欏是得恩谷常見的食用蕨類。
4／製作麵包的廚房位在自然生態豐富的得恩谷園區，乾淨的溪水有各種蛙類的見證。
5／雞蛋來自於大頭媽媽所養的雞群。
6／釀小米酒酵母菌用的紅藜也成了店裡的麵包酵母。

7／好吃的麵包裡有來自部落的食材和自養土雞蛋。
8／大頭與麵包坊的部落青年。
9／大頭自家經營的得恩谷除了有石板屋民宿，也有親近自然的露營區。
10／位在得恩谷園區內的美麗瀑布。

「陪伴」是幫助部落青年成長最好的酵母

如今麵包坊裡的成員除了太太、姐姐，還有來自部落學校裡特教班的學生。下班後，大頭與員工會從麵包坊移師到籃球場，大頭認為，麵包坊可以為部落年輕人製造的工作機會還是有限，但打籃球是很好把年輕人聚集起來的機會，透過籃球年輕人追求到了快樂、自信、成就感，有正常放電的管道就不容易跑去喝酒鬧事。麵包坊裡年輕的孩子來來去去，除了讓他們擁有一技之長，更重要的是培養他們正確的工作態度與責任感，雖然這些孩子未來不見得會從事烘焙，但大頭希望能在他們的心中埋下一個希望的酵母，隨著人生慢慢發酵。

除了在茂林遊客中心門市展售，大頭也下山宅送麵包，順便搭配部落小農蔬果宅送，讓城市裡的人也能品嚐到山上新鮮可口的農產。人們吃到的，不僅是健康天然的麵包與農產品，更是大頭與部落族人共同努力捍衛土地的永續價值。「透過經營民宿，結交到了來自四面八方的朋友；透過做麵包，卻能將整個部落包容進來。」大頭讓加入當地物產、注入山林豐沛生命力的麵包頓時有了靈魂，而做麵包這件事也賦予了大頭人生幸福的使命感。

9

10

麵包裡的部落食材

一早，萬山里長與里長太太將剛採摘的鮮嫩山蘇一片片裁剪好，細心用橡皮筋綑成了一疊一疊麵包坊人氣商品山蘇丹麥捲，原料就來自這片里長的山蘇園。在小小不到兩分的土地上，秉持對土地友善的堅持，里長一家人培育出了甜美鮮脆的健康無毒山蘇。

紅藜是排灣族與魯凱族的傳統作物，過去被做為釀造小米酒的酒麴原料，也是傳統婚禮與慶典裡常見的裝飾。近年因為豐富的營養成分而受到矚目廣被收購，茂林也有不少農民開始種植，通常在十一月、十二月播種，隔年春天就可以收成。

紅藜酵母

講究香氣的法式甜點，會在製作時會加入各種香料提味，但對於魯凱族的祖先來說，會在食物中加入香椿、刺蔥、馬告、檸檬香茅等香料，其實一開始是為了保存

山蘇

醋橘果樹

醋橘

食物因為有利驅蟲。在法式甜點可麗露裡加入台灣山肉桂，可以讓可麗露帶有柑橘清新，同時又具有木質沉穩的氣息。大頭表示，山肉桂是一種生長在八百公尺以上山區的植物，魯凱獵人上山打獵時會摘下帶回送給心愛女子，放入衣櫃香氣可長達一年之久。常在日本高級料理亭被用來調味的醋橘，大頭自己在得恩谷裡種，並用來做磅蛋糕，具有檸檬香氣但不會像檸檬那麼酸。

有好的雞蛋，才有好的蛋糕。大頭表示自己做的磅蛋糕好吃的關鍵之一就是採用了自家養的土雞蛋，母親退休之後就開始帶著一群母雞在得恩谷的山林裡一起生活，所生產的健康無毒土雞蛋，不僅成為烘焙坊主要的原料，還能提供蛋友們線上訂購。

山蘇捲

一家人傳承著山野的布農滋味——

伊藍和阿布斯的農場 Ilan Abus Tu Huma

拜訪南橫公路上的「伊藍和阿布斯的農場」，感覺就像在山的那頭，有個像家的地方，遠遠地、深深地為你把燈點亮。當不辭征途，通過了露橋與隧道，他們從廚房端出的豐厚山野菜餚，足以撫慰任何疲憊的心靈，因為整座山都是他們的冰箱。

撰文・郭銘哲
攝影・陳建豪

Ilan Abus Tu Huma 伊藍和阿布斯的農場

所在地區：高雄・桃源區・梅山里

農藝材料：竹子／月桃葉／香蕉葉／野木／石頭／百合／黃藤／蕨類植物／蜘蛛抱蛋

產品物件：樑柱／食器／爐灶／家具／手織布／乾燥花草／狩獵用揹籃／搗杵／臼／綁繩

成員規模：一家四口——爸爸 Tama Ilan、媽媽 Cina Abus、兒子 Tahai、女兒 Umav

NA7-961

由左至右：負責掌廚的阿布斯媽媽、農事蓋屋都難不倒的伊藍爸爸、主掌麵包甜點烘焙的女兒烏瑪芙。

2019年點燈的「伊藍和阿布斯的農場」，位處高雄市桃源區南橫公路西段的梅山部落裡，部落拆分成上下，廚房即位在上部落的梅山口，再走個幾步路，就會進入玉山國家公園的範疇。梅山部落住民以布農族為主，布農族語稱作「馬舒霍爾Masuhuaz」，意指「黃藤」，村裡也同時聚居了少部分客家和外省家庭，多是早年因為開採樟腦或修闢公路前來最後落地生根。

世世代代與自然共生

「伊藍爸爸 Tama Ilan」家族即是世居於此的布農族人，Tama 是布農族語對父親與族裡男性長輩的尊稱，Cina 則是針對母親與女性長輩。從小到大，靠山吃山，不只習慣與山相融，環境也讓家人間彼此感情緊密，「伊藍爸爸 Tama Ilan」和「阿布斯媽媽 Cina Abus」共同創設的農場，如今連兒子「達海 Tahai」和女兒「烏瑪芙 Umav」也都參與其中。初訪者會驚覺整個空間組合後怎麼能和諧得如此理所當然，但真的深入理解後就會明白，每個平地而起的細節，都不僅僅是訴說著被山環繞的成長背景，而是眼前一切包含他們原本就是山的一部分。

拜訪各地部落時常會聽到一句話：「高山和大海就是我們的冰箱和廚房。」話說得雲淡風輕但自信，然而裡頭可能都是長年敬重山野，守護傳統價值，專注浸淫山林才積累下的生存智慧。布農族極為重視與自然共生，在他們的觀念中，人與動植物是平等關係，而非單純上對下的狩獵與採集，當人以萬物謙沖為師，被打開的，將是影響世代的巨大想像力，伊藍和阿布斯的出現即是這想像力的具體存在與實踐，因此他們的「冰箱」總是很滿，因為當今食材被整片山林源源不絕地供應著。

伊藍爸爸家的農地四散在山野中，對外

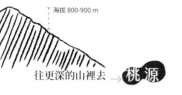

2

1

開放的區域主要會看到廚房、用餐區、住宿空間和開放給外地人體驗編織和料理等課程的場域。山野裡的枯敗原木運下來後變成了最生動的空間搭設，碎石鋪成美麗步道，各色當令花草乾燥後就是現成的美麗擺飾，簡易食器由自然素材巧變，輔以各項工作進行時的聲響，料理完成逸散出的氣與味，布農族聞名於世的合音團唱不時從音響緩緩流瀉……讓空間裡裡外外，都與自然連成一氣，立體且耀眼。

深山裡的食飲劇場

這樣的空間氛圍會讓人直覺聯想到作家蔡穎卿在2012年出版著作《廚房劇場》中提及的概念：「在廚房劇場中，食材是演員，烹調的工序宛如流轉的劇情，擺盤與餐桌則負責營造舞台效果，掌廚的你就有如這齣戲的導演。」如果借用這迷人概念來形容，恐怕眼前的這個食飲劇場，場地更恢弘，劇本更神祕，演員們也更奔放了。

伊藍爸爸主要負責狩獵、採集與農耕，從小山野的教養，讓他學會諸如利用颱風草（棕葉狗尾草）夜觀星象，並從葉子摺痕判斷風力和預測該年侵台颱風數量，早年沒有日曆就看台灣欒樹葉子的變色過程抓新年祭到來的時間，農作被吃光他細究動物腳印思考對策……開店營業當下發現食材不夠了，他跳上機車，咻一下地，就知道要騎往哪個山裡的「冰箱」快速補貨。

銜接上廚房，累積二十年外燴經驗的阿布斯媽媽對食材信手捻來，「有什麼就變什麼！」加上透過自學不斷精進，讓部落風味料理百變且奔放；兒子達海擔任二廚輔佐，唸餐飲學校時主攻西餐，粗曠的燒烤由他來主責，但也同步見習著母親手藝裡的溫柔；女兒烏瑪芙擅長現代烘焙、甜點與果醬，行銷也由她來主導。可以說四個人各擅勝場，一開門見客就隨時相互支援，讓歷久的傳統反倒不斷發現了彌新的契機。

「裏」的真諦

阿布斯媽媽招牌菜太多，布農族十月「新年祭 Minhamisan」吃的「小米糕 buhul」是必嚐。糯性小米在經過重重工序後搗製成粉狀，續以香蕉葉包裹塑形蒸煮完成，祭典上，吃過 buhul 後即象徵跨過了一年，接著就能喝小米酒與品嚐整年忌食的甜點歡慶。

另一款「小米飯 haising」也是必吃，熱灶過程小米冷水就要先下去，不靠水煮，而是倚賴人工慢慢翻攪最後收乾成外脆內軟的米糰，當外層煎出族語稱 kaka 的金黃鍋巴時口感最完美，最原始的版本還會加入自種自磨的玉米粉。阿布斯媽媽回憶道，「以前全家圍著鐵鍋共食，還會在中間挖洞填入幾瓢山豬煸出的豬油。」拿油潤米暢快入口，頗有漢人吃豬油拌飯的美妙錯覺，伊藍爸爸接續補充：「邊吃還會邊搭配餐廳也喝得到

1／世代居住於此，阿布斯媽媽熟悉花草植物的應用。
2／刺蔥烤全雞。雞油和原本填充在全雞裡的刺蔥在上桌後成為佐料。
3／新年祭重頭戲：「小米糕 buhul」，需要再以香蕉葉包裹後蒸煮。
4／翻攪新年祭才吃的「小米飯 haising」。

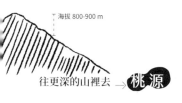

5／即便是枯木，仍能和綠蕨互搭美麗風景。
6／「小米糕 buhul」用香蕉葉包裹後，再用颱風草作為綁帶。

的生薑龍葵湯，我們自己喝，有時還會加進狩獵帶回的野味。」而紅棗薊根雞湯則是用了在天池和埡口附近高海拔地區可採集到的台灣特有種薊屬植物來熬，布農族婦女坐月子時也常利用，可煮湯或泡酒，滋味鮮郁。

為你打開通往群山的隱形路徑

香料、種籽、果實也廣泛運用。招牌的風味烤雞，出動了布農族常用的香料「山胡椒 haimus」，它的風味強勁，帶胡椒辛衝氣，卻又和馬告不盡相同，還有隱約的生薑味，和雞肉結合蘸上刺蔥雞油十足對味，haimus 也出現在農場推出的山林餐盒中，與布農傳統米點 savusavu 結合，還能做酸菜爌肉。桃源區盛產的青梅，阿布斯媽媽拿來自釀梅醋，梅汁入醬變出的是美味梅子雞；灌香腸用紅藜、山蕉做蛋糕、紅肉李與金煌芒果等就拿來熬果醬，抹麵包、蘸鹹食、沖氣泡飲都合拍……梅山部落漢化得晚，因此還保留大量傳統飲食的形式，這優勢讓吃進肚裡的每道菜都像載體，為訪客打開通往群山的隱形路徑。

古人講的「大富由天」，裡頭帶著一點命定感，但在伊藍和阿布斯的農場裡，敬天畏山心意四處可見，目的是為了能更從容自在的去親近他們，創造出種種更美的相遇，兩人如今更是樂於走出廚房，以耆老身分到學校為孩子授課。劇場也是聚場，歡食暢飲，同時也以食為引，讓廚房裡那些最珍貴的，永遠不會消失。

廚房裡外的布農智慧

竹

竹子可削製成湯匙、小茶杯、飯筒和餐盤。

石

山上的碎石片除了拿來鋪造石頭步道，部分餐盤也是用石頭打造，此外用三塊石頭就能疊起「傳統灶爐 baning」。

木

農場空間以高山上經過處理後的枯敗原木融合搭建，並不限定樹種，包含宴客餐廳、吧檯、大型傢俱多運用其中，以及布農族傳統搗製食物使用的「杵 husau」和「臼 nusung」。

角落一塊不起眼的木頭橫躺，仔細看才知是伊藍爸爸愛護自然生態的心意。伊藍爸爸撿回木頭發現是蒼蠅蜂的家，並沒有驅趕不咬人的蒼蠅蜂，將其靜置空間角落，繼續和蜂一起生活，也是和山一起生活。

黃藤

梅山部落常見「黃藤 mashowaru」，則可轉化為手工藝品。

葉片花草

「月桃 sizu」的葉子剖半後可手工凹折成上寬下窄的裝食物用小碟。

落種後的野百合，高聳的花莖和花苞乾燥後可充當擺飾，時令野花野草也能組合成裝飾用的花環。

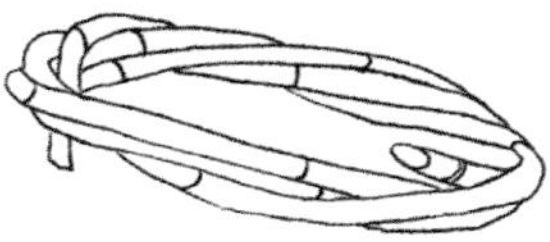

雙手搭橋，體現祖先的生活智慧

——荖濃文化工作室

竹、藤、香蕉絲、月桃、檳榔葉鞘……是部落裡就地取材製作生活用品常見的自然素材，以手工製作器物更是日常的一部分，一直到了現代才漸漸被大量工業製品所取代。位在六龜的荖濃文化工作室，企圖把部落生活的智慧和工藝找回來，重新體現祖先們的生活方式。

撰文・曹沛雯
攝影・盧昱瑞

1

2

01

手工竹製煙斗
山上找桂竹，再造老記憶

在約翰．湯姆生留下的歷史照片中，當時人手一支煙斗的影像勾起了茬濃人的記憶。傳統桂竹煙斗製作過程繁複，首先得上山找桂竹林，然後挖取作為煙管的地下莖，煙斗部分則必須取用桂竹頭。取得材料後的加工更是繁複，必須慢慢打磨表面以及在煙管中穿洞，由於桂竹竹節非常密集，平均一把桂竹莖煙管就有將近十個左右的竹節，過程需要用燒烤過的鐵絲在竹節上穿洞，遇上彎曲莖時困難度更高。製作者潘鳳英阿姨憑著童年看過長輩手中煙斗的記憶，製作出了無比精緻的竹煙斗。

1／煙管取自桂竹的地下莖、煙斗則取自桂竹頭製成。
2／今年 75 歲的潘鳳英阿姨憑記憶製作出傳統煙斗。
3／潘阿姨農園裡掉落的檳榔葉鞘，也是她手作器物的材料來源。
4／分片縫接成一頂葉鞘帽。

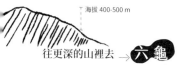

3

02 檳榔葉鞘物品 編製現代環保工藝

不如竹、藤普遍被運用在編織工藝上，檳榔葉鞘是大眾較為陌生的自然材料，但檳榔與原住民生活息息相關，從樹幹、樹葉、果實都會被拿來運用，檳榔在婚嫁、慶典、祭祀上更是不可或缺的角色。潘鳳英阿姨撿拾部落裡檳榔樹衰老後自然掉落的葉鞘部位，泡水軟化，彎折造形後風乾，製成帽子、扇子、置物籃……等各式各樣生活器物。

4

5／將稻稈浸濕後較為柔軟，便於集中捆紮進行編織。
6／早期有什麼用什麼的就地取材智慧，現今非常少見的稻草椅。
7／潘鳳英阿姨的蜜蕉田，後方有檳榔林。是她採集植物材料的來源地。

03 稻草椅
農村廢棄物巧手變身

收割完的稻田通常會將殘餘的稻草燃燒殆盡，但其實有更環保的做法！茬濃文化工作室成員們將農業廢棄物再利用，到美濃回收廢棄的稻草回部落，曬乾之後取其稻稈應用。並邀請美濃當地編織工藝老師到部落教導他們編織各種稻稈器物：杯墊、隔熱墊、置物籃……等。潘鳳英阿姨更是憑著童年的記憶，將早期的稻草椅編製回來。稻草椅不但輕巧好攜帶、穩固耐用，而且非常適合野餐、露營等戶外休閒時使用，材質環保透氣，夏天坐起來更是舒適涼快。不僅讓大家見識到祖先友善土地的生活智慧，也賦予了農業廢棄物新價值。

7

8

9

10

位於六龜區西北境的荖濃里，小小的山村聚落族群卻非常多元，混居著閩、客、平埔及魯凱族，目前最多數為平埔族群，早年由台南玉井遷徙而來的大武壠族芒仔芒社。站在部落面向中央山脈，中間有荖濃溪貫穿，由於水源充沛、土地肥沃，當地人早期從事狩獵之外也種植旱稻，之後改種水稻。後來台糖公司在這大量種植甘蔗，甘蔗休耕期就種植樹薯，現代則改為種植芒果、蓮霧、香蕉、芭樂等水果。

部落文化與美學的復興基地

一個晴朗的早晨，當地人潘鳳英阿姨帶我們散步穿越她的蜜蕉田來到檳榔林，她一邊撿拾檳榔葉鞘，一邊向我們解說：「檳榔葉鞘淋雨會變黑，所以最好趁這種連日好天氣的時候取材。如果要用檳榔葉鞘做片材使用，冬天長得又薄又美，是最佳的取材季節。」1948年出生，在荖濃土生土長的潘鳳英阿姨，全憑小時候的記憶，採集在地自然素材製作成美麗又實用的器物。

載著採集好的檳榔葉鞘一起回到了部落工坊，這裡是耕耘文化復興工作多年的荖濃文化工作室。迎上前接待我們的是工作室發起人騰雅，她在莫拉克風災過後搬遷杉林大愛永久屋，2011年參加文化部主辦的文化種子培訓，開始接觸文化調查工作，才發現原來自己竟然是平埔族群！2016年回到部落，加入荖濃平埔文化永續發展協會，協助在地文史調查，「那時候發現當地老人家都慢慢走了，所以抱持著一定要儘快展開調查才行。」於是在2020年初邀請另外三位夥伴成立荖濃文化工作室，投入在地文史調查工作。同一年，《尋找湯姆生：1871臺灣文化遺產大發現》專書作者游永福先生帶領的「湯姆生、馬雅各之路文化路徑」計畫，工作室協助資料調查及進行行程規劃。為了追溯被遺忘的族群與文化，她隨後帶我們參觀了當地公廨

8／位在六龜荖濃的公廨，當地大武壠族的信仰中心。
9／檳榔葉鞘要趁連日晴朗天氣採集，淋雨會變黑。
10／荖濃文化工作室的騰雅（右）與潘鳳英阿姨（左）換上了有十字繡紋樣的傳統服飾。
11／被綠林包圍的荖濃文化工作室據點。

（Kuba）。公廨是大武壠族最重要的祖靈信仰中心，祖靈被稱為「Kuba 祖」，「祖」以台語「tsóo」發音。公廨裡沒有神像，是以「向缸」內的「向水」作為祖靈的象徵，「向缸」前陳列的祭品有族人準備的檳榔、香菸、米酒。騰雅表示：「公廨是近年才蓋的，漢文化融入部落後，其實平埔文化早已淡化，我們現在要做的，就是將這些失去的找回來。」

跟著約翰．湯姆生重返荖濃

1871年，兼具攝影師、地誌學家、探險家、作家等多重身分的蘇格蘭人約翰．湯姆生（John Thomson）搭船由高雄上岸，行腳北至台灣府（現今台南），接著開始往東，行經甲仙、荖濃，再南下六龜，又西經杉林的枋寮。沿途所拍攝的台灣珍貴影像讓十九世紀台灣被世界看見，也讓我們得以窺見百年前荖濃溪流域的地貌與當時平埔

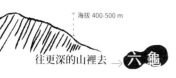

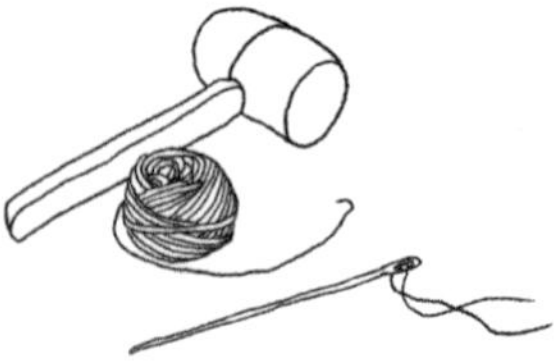

12／潘阿姨示範快要失傳的手編稻草椅。
13／大武壠族繡片，多現身在以藍布黑布為底的傳統服飾邊緣。

族群的衣著、家屋等生活風情。

茗濃部落透過「湯姆生、馬雅各之路文化路徑」小旅行，引導大家走入大武壠族的歷史，體驗山村生活魅力。而茗濃文化工作室主要成員騰雅與潘鳳英阿姨等人，也向大家展現了部落就地取材的生活美學。工坊裡的大桌上陳列著以檳榔葉鞘涼扇、稻草編置物籃、桂竹煙斗、青桐樹皮繩、散穗高粱掃把、竹製魚笱……等各式各樣手作器物。騰雅表示，有許多手工藝，以及她們身上所綁的頭巾、繡上大武壠族十字繡紋樣的傳統服飾，其實都是在佚失多年以後，重新參考了相關專書、舊照片、文獻以及從民家搜出的老文物，仿照重製的。

坐在矮凳上俐落編織著稻稈椅的潘鳳英阿姨，在工作告一段落後放下手中工具，走進廚房從蒸籠端出了「dā-lāu 麻糬」和「豆仔 mài」邀請大家品嚐。「dā-lāu 麻糬」是一種茗濃版的麻糬，除了糯米，還會加入當地種植的「散穗高粱 dā-lāu」，作成的麻糬呈現紅棕色，切小塊的麻糬沾滿炒過碾碎的花生粉，再沾上黑糖，口感Q軟且不膩口，是在茗濃才品嚐得到的在地美食。當地人還會將剩餘乾燥穗桿綑綁成掃把用。而「豆仔 mài」是使用當地盛產的八月豆，將八月豆豆籽拌進糯米裡蒸熟的米食，是每年農曆九月半大武壠茗濃夜祭不可或缺的傳統祭食。

今日的茗濃人，重新學習善用自然素材製作手工器物，不但繼承了平埔原住民的民藝美學，也復興了古老的生活智慧與文化。

祖先的生活智慧若要對應當代，
就得透過使用落實於生活。

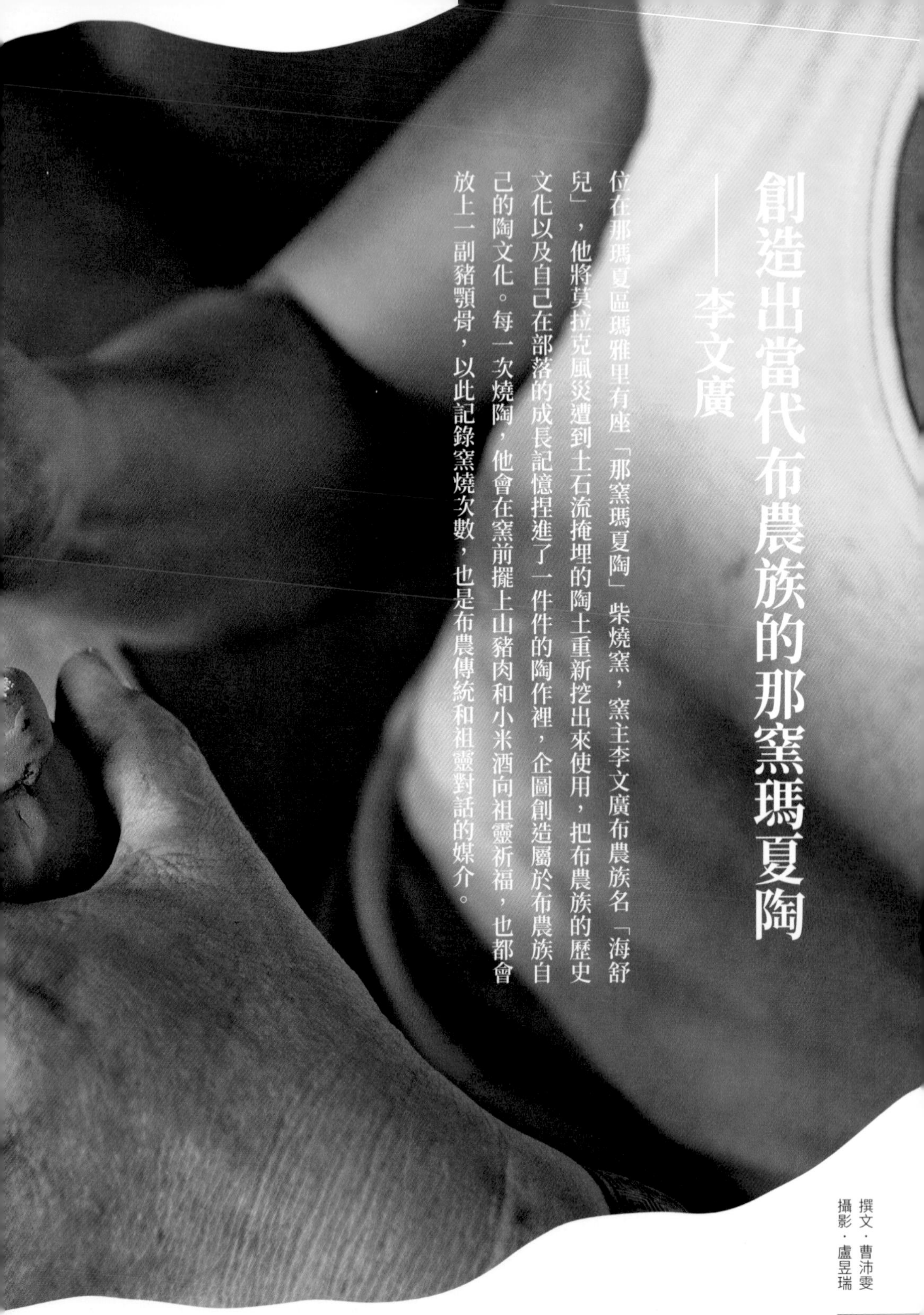

創造出當代布農族的那窯瑪夏陶

——李文廣

位在那瑪夏區瑪雅里有座「那窯瑪夏陶」柴燒窯，窯主李文廣布農族名「海舒兒」，他將莫拉克風災遭到土石流掩埋的陶土重新挖出來使用，把布農族的歷史文化以及自己在部落的成長記憶捏進了一件件的陶作裡，企圖創造屬於布農族自己的陶文化。每一次燒陶，他會在窯前擺上山豬肉和小米酒向祖靈祈福，也都會放上一副豬顎骨，以此記錄窯燒次數，也是布農傳統和祖靈對話的媒介。

撰文・曹沛雯
攝影・盧昱瑞

1／手捏茶碗，每個都獨一無二。
2／像三顆石頭架起鍋子般的外型，延伸自於布農傳統「三石灶」。
3／充滿故事性的器物造形。

01 茶碗
源自「三石灶」的靈感

茶碗外型像極了部落使用三顆石頭架起烹煮食物的鍋子，來自於海舒兒早期生活記憶。會大量生產茶碗也與藝術家個人生活習慣有關，海舒兒特別喜愛使用茶碗喝茶時的暢快，身邊隨時都備有一大碗沖好的熱茶。使用柴燒製作的碗會釋放遠紅外線及碳素，能將水軟化變得更美味，用來喝酒也適合！試著將酒精濃度58度高粱倒入柴燒碗靜置十分鐘，不僅降低酒精刺激感，酒水也會更清甜。難怪海舒兒在柴燒酒器上寫著「Davus」，布農語為甘甜之義，以小米釀的酒很甜，用柴燒壺裝瓶後會更甜。

02 茶倉
盛裝著布農的聖鳥傳說

作品蘊含豐富在地文化色彩的海舒兒，擅長運用神話、曆法、傳統服飾圖騰等各種布農族元素進行創作。刻有布農族開墾祭符號的陶甕、表情動作具有戲劇張力唱著八部合音的陶偶，還有大量鳥類造形的茶倉。鳥型茶倉做工複雜，尤其在鳥羽部分非常精緻，之所以會將茶倉製作成鳥的造形，是因為從小就聽過許多布農族關於鳥的傳說，最著名的故事之一就是布農族的聖鳥傳說。相傳上古時期發生洪水，當時倖存的布農族人逃往玉山，但過程中卻意外遺失了火種，族人隔著洪水發現遠方山頭在冒煙，決定派遣動物前往取火，但皆因火種太燙而失敗。最後，凱畢斯鳥終於順利將火種取回，但碰觸到火種的鳥喙和腳都被燒紅，身體被燻黑，此後布農族人便奉凱畢斯為象徵希望的聖鳥。

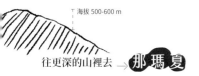

4／生命故事以藝術性的表現在生活器物上。
5／海舒兒位在那瑪夏的陶藝工作室。

03

花器
綻放著生命中的記憶

海舒兒花器作品不多，這系列的花器最初是應陶器協會展覽邀請所製作的，一樣以柴燒完成，帶有沉穩的紋理。創作靈感是來自藝術家自己的一段生命故事：在海舒兒還很小的時候，母親經常到山裡揹柴下山，揹架上除了木柴，還會讓年幼的妹妹坐在柴堆最上面，妹妹坐在上頭搖搖晃晃的可愛模樣深刻地印在了他的腦海裡。花器模擬出了揹架上放置木材的樣子，而插在瓶裡的花看起來就像坐在揹架上的妹妹。這系列的花器有三個，但其中兩個由於歪歪斜斜，被海舒兒認為是失敗的作品。但一旁的人卻告訴他，看起來很像是揹柴下山搖搖晃晃的樣子，反而更貼切創作的想法。

5

6

7

座落玉山山脈尾端的那瑪夏四面環山，有楠梓仙溪流貫，兩座醒目尖尖像富士山的是藤包山和大鞍輪名山，早晨曙光讓山頭像是戴了金冠，下午飄來小雨山頭被雲霧簇擁，黃昏的晚霞，夜空裡的雲霧，晨昏都有不同的魅力，就是家鄉部落這份野靜的美時時召喚著原本在外地當警察的海舒兒回家。

安定的生活有不安的藝術靈魂

1993年，海舒兒終於如願回到部落開始在自家小米田上築起工坊。假日一有空就整地、搬石頭砌牆，石頭太重，他笑自己一百七十公分蓋完只剩一百六十公分。但一想到從前的族人都是這麼蓋房子的，而且住起來冬暖夏涼就覺得很值得，他指著牆縫的蛇皮表示，蛇和人一樣都喜歡住在這裡！落成的工坊除了當自己工作室，也招待拜訪部落的遊客，大家一起在這泡茶、玩陶，一度成為部落裡重要的觀光據點。只是正當工作室穩定發展時，卻慘遭祝融，後來好不容易修好了，竟又被莫拉克風災催毀。

2009年莫拉克風災中，那瑪夏受到了前所未見的土石流重創，當時人在山腳南沙魯分局執勤的海舒兒，面對被困在山上的妻子和四名幼子完全束手無策只能焦急等待，他甚至一度悲觀認為，倘若妻子右手抱一個、左手拉一個逃難，最後可能只剩兩個孩子能生存下來。幸好在第四天妻兒們全搭上了救援直升機，當家人平安降落在旗山國小的那一刻，海舒兒放下大石的心激動不已。

這場歷史性的毀滅式災難是危機，卻也是轉機。工坊全毀，海舒兒創作人生歸零了。在沉潛的這段期間，他開始思考身為布農族人的生命源頭，並追溯原住民的陶文化。他發現，原來台灣原住民是有陶文化存在的民族，早期傳統製陶方法是將陶坯放在柴堆上，再覆以柴或乾草燃燒，除了泰雅和賽夏，幾乎各族都有陶器被保存下來，只是今日還能以原住民傳統方式製陶的，只剩下阿美族和達悟族了。身為布農族的他也開始走訪部落、翻查文獻，發現日治時期有記載

6／工作桌上。用來黏合茶碗底部土塊的土漿。
7／器物揉進莫拉克風災被土石流掩埋的土，也象徵了重生。
8／海舒兒手捏茶碗中。工作室像座透入自然光的石窟洞穴。

到一百多年前，住在中央山脈的布農族有遺留陶器的紀錄。希望復興布農族製陶歷史的海舒兒，終於在十年後重啟創作人生。

揉進了重生與希望的陶土

他重建工坊，挖出當年被土石流掩埋的陶土與瓷土，善用混雜土石流的陶土、瓷土製陶。海舒兒把土放乾，將土石流混入的小碎石、沙子等雜質顆粒過篩濾除，然後加水泡成泥漿，放乾之後送進練土機，重新練過再使用。過程比重買費工又費時，但重練後的陶土象徵了重生與希望，有特別的意義。有時候也會將陶土與砂石混合均勻後直接捏塑，只是這樣的做法不易燒製成功，因為一般泥土耐燒性低，大概燒到１２００度就會過溫、起泡，燒製完成的肌理會像餅乾一樣脆、佈滿氣孔。但海舒兒擅長利用這種粗獷的肌理，在一般陶瓷器出現的話會被嫌刮手，在海舒兒作品上，反而散發出一種迷人的粗獷感。有時候海舒兒會故意抓起腳邊的

9／每燒窯一次，就會放上一副豬下顎骨記錄燒窯次數，也是與祖靈溝通的媒介。
10／自在抽著竹製煙斗的海舒兒。菸草來自於鄰近工作室的野生菸草。

土，隨興塗抹在土坯表面做裝飾，經過柴燒後沒有被燒熔的土礫就會留下來，若加上窯汗沉積，陶器質地就會呈現出各種自然、粗曠的肌理變化。海舒兒拿出了手捏茶碗，放入茶葉，滾水一沖，茶葉在粗獷自然的茶碗中豪邁舒展開來的樣子甚是好看。

海舒兒每天五點起床、七點抵達工作室，一路工作到中午，午休後再繼續工作到半夜。偶爾需要抽空照顧果樹，果園裡有青龍梨、甜柿、水蜜桃、咖啡，閒暇之餘就自己炒咖啡豆喝。叼著煙斗的海舒兒，菸草來自工作室周邊幾株野生菸草，每天他會摘一朵淡粉色菸花，擺在茶器上裝飾。他說小時候看部落老人家抽菸，若有所思的神情背後似乎藏了許多心事，五十歲開始抽菸的他，發現自己原來也到了懂得惆悵的年紀。沉潛十年重拾陶藝創作，海舒兒將生命涓滴成流的智慧揉進土裡，終於捏出真正屬於布農族的陶。

每件經過焰火淬煉後的作品總令自己驚豔不已，
創作的喜悅也成為了生命的原動力。

撰文・黃怜穎
攝影・王倚祈

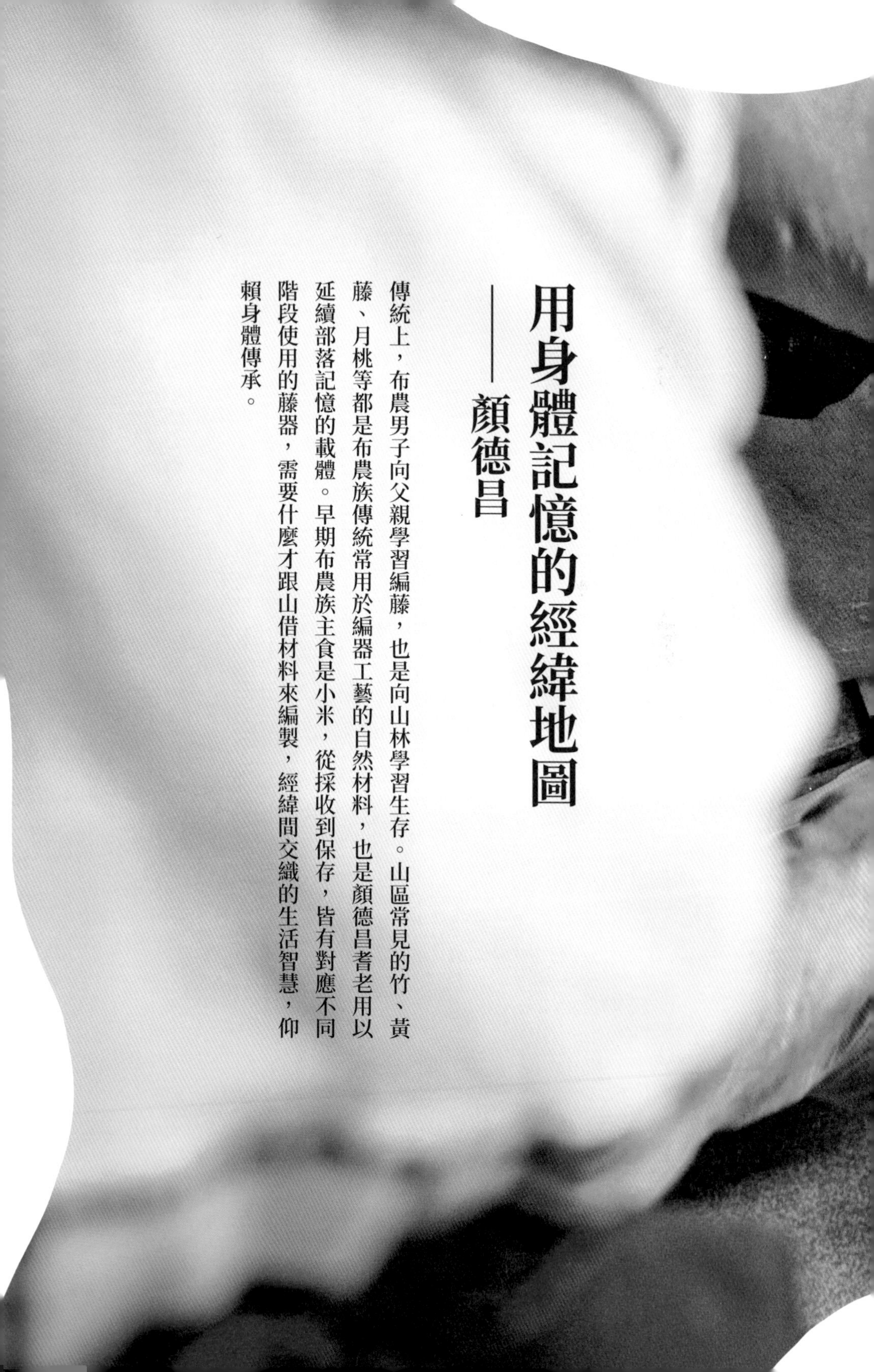

用身體記憶的經緯地圖

——顏德昌

傳統上，布農男子向父親學習編藤，也是向山林學習生存。山區常見的竹、黃藤、月桃等都是布農族傳統常用於編器工藝的自然材料，也是顏德昌耆老用以延續部落記憶的載體。早期布農族主食是小米，從採收到保存，皆有對應不同階段使用的藤器，需要什麼才跟山借材料來編製，經緯間交織的生活智慧，仰賴身體傳承。

01

揹籃 palangan 很具代表性的布農傳統器物

削切處理過的藤皮從底部編起，取長且粗壯的藤作為支撐框架，顏德昌耆老所運用的最長長度的藤材，應就屬揹籃上的藤框支架了。讓揹籃底端長出四隻短腳，農忙或行進中需要放下揹籃時，便於放置地面不傾倒，當處於岩壁山坡上，也能暫放不平整的砂石路面，底部外圍也以藤條加固，除了撐出大容量的空間，承裝重物時能有所保護。palangan 通常用於承裝收成的農作物，籃身高度差不多是一兩歲小朋友高，有時也是揹運遷徙、看顧小小孩的大幫手。

傳統會再以更細薄的黃藤皮編織「頭帶 cibunguan」，古早以人力負重，揹籃通常以頭帶貼附額頭的方式來揹負移動，因此需更費工地處理藤皮，刮去外層、讓皮更細薄才好編織頭帶，其技法從處理材料到編織並不比揹籃更簡單，近年顏耆老年事已高，頭帶多以塑膠尼龍材質的打包帶來替代編織。

以六角編、十字編成形的揹籃。孔洞大的用來裝地瓜、芋頭，比較密的用來裝小米。

02 篩盤 tukban 盛裝著土地的豐收圓滿

顏德昌耆老說起篩盤所需的藤材數量是四百根、耗時兩個月才編得了眼前這面大篩，小型的圓篩也仍需要兩百條藤皮才編得成，一般揹籃約需十五根藤，大點的籃是二十根，篩盤比起揹籃是更加耗時與費工的器物，尤其是篩盤的邊緣，有些會以竹片環繞再以細藤加固收邊，大部分是以削很薄的細藤皮做纏繞編法來收邊，「這一小段的收邊要編上一天！」顏耆老單手比劃著約十五公分長度的框緣，使用上雙手最常碰觸拿取的器物位置，它的強壯是編法與時間的集合成果。

過去布農族以小米為主食，從採收到曬乾保存的處理過程，皆有不同的藤器上場！大型的篩盤常用來曬作物，從盤面編織的孔洞密度可知對應的作物有所不同，小米需要緊密交織的盤面避免穀粒掉落，地瓜、顆粒大的樹豆就可使用帶點孔隙的篩盤。為小米去殼時，先以杵、臼初步將小米殼搗掉，再倒入篩盤篩過以完整去殼。

篩盤收邊處是最費工耗時的。

1／現已很少見的餐具提籃。
2／顏德昌耆老與他編製的揹籃。

03

食器提籃 kalala
移動式的餐具櫃

布農族統稱提籃型的編器為 kalala，kalala 可能造形、用途不一，但通常有提把，這只 kalala 的提把長度很長，且以交錯纏繞的編法增加硬挺度與耐用度，框緣則以竹片結合細藤皮綁繞固定來收邊。

這是一只早期布農族人用來裝竹製湯匙、竹杯、木製湯匙等飲食用具的藤籃，一起吃小米飯的家人也許有十多個人，一人一湯匙的吃飯，這些湯匙也就需要一處存放的所在。長提把便於短距離移動拿取餐具，也能用於吊掛，節省空間運用，讓同樣源於自然素材的食器置放於通風處，是家屋中方便收納整理的實用藤器，唯現代生活已非常少見。

2

4

3

順著南橫公路，先是來到「高雄市海拔最高超商」，繞著上寶來產業道路一路往上，約莫二十分鐘路程抵達四社部落，多數居民是拉阿魯哇族人，少數布農族人因早年日治時代的管理政策與某年遇上的瘟疫，從近天池的Damahu輾轉遷居至此。布農人是原住民族中居住在最高海拔的族群，與山為伍的生活，器物也因山的生活而生。

記憶從山而來

時間往回倒退七十多年前，在布農耆老顏德昌Dastaz的記憶中，最常見到的藤製用具是「揹籃palangan」、「頭帶cibunguan」、「篩盤tukban」這三項物品，早期藤器的使用和種植小米、地瓜、芋頭等農事日常緊密相關。收成地瓜時，會用孔洞較鬆較大、以六角編成形的揹籃來盛裝作物，裝小米用的就需要「挑一壓一」編法、讓經緯線緊密的揹籃和篩盤來處理。問顏耆老這些年，山林有什麼樣的變化？「以前山上種比較多自己吃的，自己夠吃就好，現在山上大家都種能賺錢的。」一如幾乎已經沒有當地人還在為了小米和地瓜使用眼前這些編織藤器，又如耆老家屋的後山，因應現代社會所需也改種起愛玉、金煌芒果樹，但有些記憶，自顏耆老從公路局退休後卻越來越鮮明，轉化到他的雙手、藉由藤編，延續著山的模樣。

「看」爸爸編藤，刻畫進身體的回憶

「我小時候就看爸爸編，在旁邊用看的，這樣學。」成年之後在山裡修路、工作，一直到退休了，２００９年的莫拉克風災之後，才開始密集重拾藤編，顏德昌耆老憑著小時候的記憶開始編藤，家中因颱風受災，已沒有留下任何藤編器物，但種在身

體裡面的記憶，隨著一個器物接著另個器物的編織而甦醒，藤器在耆老的生命歷程展開另一個記憶空間。

傳統布農族由男性主掌編織藤器，女性織布。他會一個人騎著機車，重回阿公、爸爸帶著他去採藤的桃源深山裡，山野深處的黃藤是台灣特有種，生長高度可達二三十公尺，葉鞘上有刺，採藤時通常選擇莖為手指粗的，太細的先留下讓它生長，砍藤的時候如覺得很脆，是易斷的警示，顏耆老在採集材料時，即會就地依據所要編的器物、對應所需長度，預先修剪合適長度再做綑綁，「那邊很遠，有時我會在採藤的山裡過夜，就地生個小火，過一夜。」帶回家的黃藤要先清洗，再用刀刮平處理枝條上的「節」，新鮮採回的藤質地較軟，接續趕緊進行「拉絲」去肉，再來讓太陽做工，日曬一週的時間去掉水氣，材料的最後一階段是「削藤」，編織前將藤皮削成要編器物需要的厚薄。這些過程，都是小時候跟著爸爸、從旁觀察來的記憶，顏耆老用身體和天賦記起了許許多多，在外人看來，好似沒有系統的教與學，卻是布農族兩代之間、生命與生命之間，山裡生活最珍貴的學習與傳承。

3／水鹿皮衣、打包帶編織衣、弓琴與鼻笛也都出自顏耆老之手。製衣的手藝則來自小時跟著媽媽生活的記憶。
4／容量不大的魚簍，耆老說捕夠吃的魚就好。
5／往四社部落的路上。
6／示範上山採集黃藤時，即會稍微裁剪藤條至所需要長度再載回。

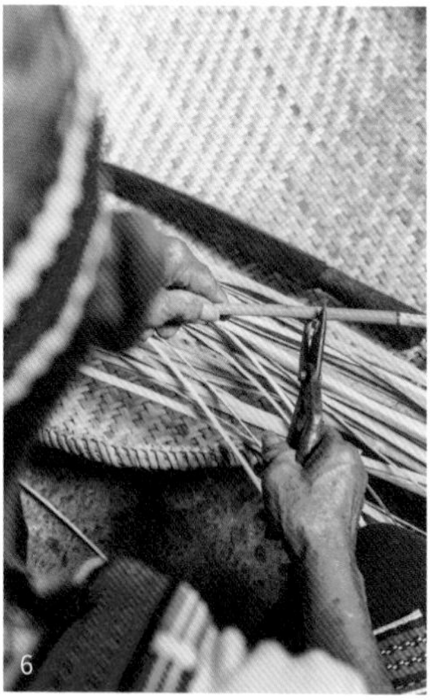

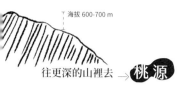

顏耆老和他後山的愛玉、金煌芒果果園。

器物與山一起呼吸

斜紋、十字還是六角編……？藤器各式各樣的技法在顏德昌耆老心中都沒有特定的名字，對他而言，交錯的紋路皆是透過雙手轉譯而成的身體記憶。除了農事用藤器，外型獨特的「魚簍 patiskana」也是顏耆老的生活器物，他說山上許多茎濃溪的支流都有溪魚，「我們溪裡有三種魚，苦花魚最好吃、有一種有卵的要小心吃了有毒，還有一種是嘴巴紅紅的魚，看起來漂亮但是不好吃。」一如耆老形容高山溪魚時說不出魚名的清楚直白，魚簍的族語 patiskana 直譯就叫「放魚的地方」，器物外型也很直接地呈現了捕到魚之後將於放置其中能防止魚跳出的縮口設計，「縮起來脖子那裡要塑形，是最困難的地方。」至於容量為什麼有點小？「古時候釣魚，也像打獵，不能把全部的動物獵完，有的吃就夠了。」老人家向山林學習，有他們的智慧，「動物在交配期的時候，我們老人家不會上山（打獵）。」取用山林資源時，有依循生態時節的本能反應。

這幾年耆老也運用尼龍製的打包帶編織揹籃、提籃，為魚簍妝點繽紛配色，也可一窺器物對應現代生活的變化，比起黃藤更軟更薄，使得編製揹籃時籃身能將外型掌控得更加飽滿，在編織速度上尤其有一大優勢，更輕薄多彩的特性，耆老也以竹藤編技法嘗試研發包包、提籃，甚至像編織月桃蓆一樣地運用打包帶。有意思的是，據聞在耐用度上，塑膠繩經使用後容易有脆化斷裂的問題，仍以黃藤為勝。

顏德昌耆老今年八十一歲，赤腳帶著我們踏上後山，與玉穗山、斯拉巴庫山對望的視野，笑著說他不知道家和採黃藤的所在是位於海拔多高的地方，真正重要的是：他知曉自己身在生養他與家人的山林之中，且清楚認得採藤和回家的路；一個個藤器，編織的當下都在經緯間定位過往的生活記憶，都在領著自己走一遍回家的路。

這是父母傳給我的，我也傳給了我的孩子們，
無論多久以後，也是希望如此延續。

+Pause & Plus + 郊野採集2

藏寶之山，揀條步道探險去

從省道台27線岔上「藤枝林道」，氣氛馬上就不同了。彎彎曲曲的林道，像化身為蛇探索山林。越爬越高，山從仰望變成平視，稜線在地表展開，咿呀的林木搖曳著山地與平地交錯的歷史與祕密，現在還和著一縷茶香。莫拉克風災後，主路林道坍方，昔日亮點「藤枝森林遊樂區」長期封園，卻是寶山部落其他同樣珍貴的寶物綻放光芒的絕佳時刻，好比生態豐富的步道、擁有山林智慧的布農文化，以及風味變化萬千的台灣原生種野生山茶——發現寶山，正是時候。

帶路人—— 洪得勝（Bukun）

寶山出生，國中離開家鄉求學，高中畢業考上警察之後調回六龜直到退休。1994年因緣際會下認識山茶，學會製茶技術後開始種茶、製茶，並開設兼具寄宿家庭與餐廳的「喜來冠山茶坊」。目前亦為台南神學院畢業之傳道師。

口述・洪得勝
文字整理・謝欣珈
攝影・陳建豪

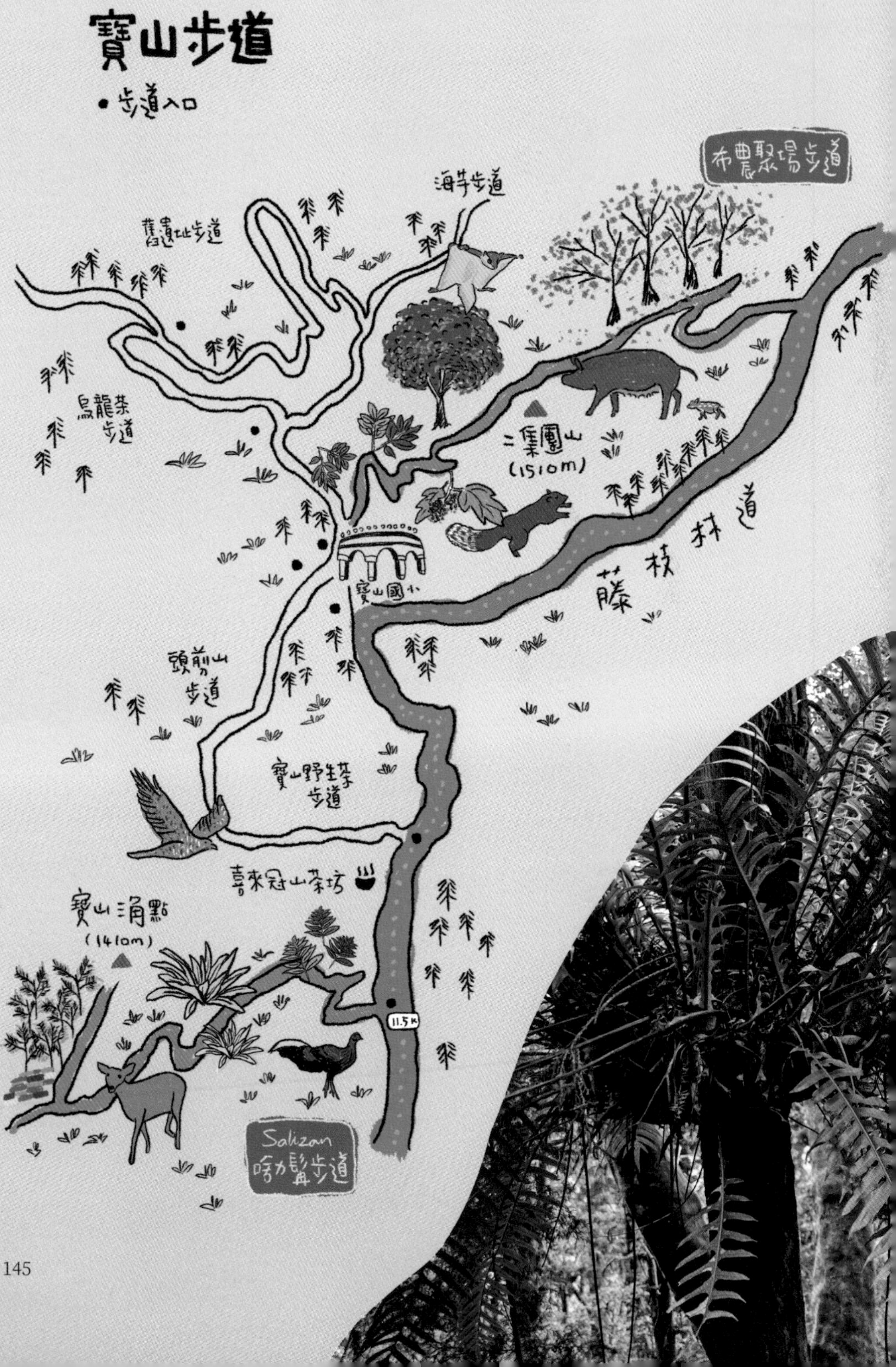
寶山步道
• 步道入口
布農聚場步道
海芋步道
舊遺址步道
烏龍茶步道
二集團山
(1510m)
藤枝林道
寶山國小
頭剪山步道
寶山野生茶步道
喜來冠山茶坊
寶山三角點
(1410m)
11.5K
Salizan
哈力髯步道

1

Q1：為什麼這裡叫做寶山？

國民政府來這裡調查的時候，發現木耳長得很好，木耳長得好就是適合人居住的地方，他們覺得是人間仙境，就取名叫寶山。

國民政府之前日本人叫這裡「中心崙」，意思是行政區域的中心。日本人來之前，這裡是鄒族跟魯凱族共管的地方。因為日本人不喜歡布農族聚在一起，太強悍，就把他們從內本鹿的一個平台趕過來。後來有些布農族人跑到台東的海端鄉、延平鄉紅葉村。有些人翻過卑南山跑到馬里山流域，就是石山這一帶。我們布農族人的遷徙是從南投開始，先越過中央山脈到東部，在那裡發生大分事件，才被日本人趕散。

Q2：寶山有哪些步道呢？

「寶山野生茶步道」是在寶山部落的七號農路，一整路都是種山茶。寶山原本就有台灣原生種的野生山茶樹，後來區公所也鼓勵大家種，現在大概有一百公頃吧。山茶的特色就是不能歸類品種，因為只能異株交種，所以香味是多層次的，冷、熱的時候都不一樣。大葉種的山茶有很多種顏色，粉紅色、紫色、青綠都有。再上去二集團部落，寶山國小假日市集那裡還有幾條步道。

「頭剪山登山步道」很陡，不到兩公里的路程要從1200多公尺爬升到1400多公尺，比較少人走，山徑比較原始，三角點可以眺望鄰近的山頭。「烏龍茶步道」在美崙山的稜線上，左右兩邊都是種植山茶，特色是在步道上能邊看玉山。再來是「布農聚場步道」，又叫做「生態步道」，等一下會帶你們走。這條步道尾巴會接到櫻花公園，有五千多棵櫻花，春天盛開的時候很漂亮，可以來賞櫻。從櫻花公園旁邊獅子亭可以接「海芋步道」，原本整條路都種滿海芋，但是種下去之後因為是芋頭類，全部被山豬吃光光了，現在沿路是孟宗竹林。坡度不大，

1／又稱為生態步道的布農聚場步道。步道尾有春天可賞上千棵櫻花的櫻花公園。
2／「啥力鬌 Salizan」步道（四號農路）裡的日本杉木林。洪耆老的茶園正是讓茶樹自然生長在杉木底下。

步道都在山的背面照不到太陽的地方，很陰涼。海芋步道在寶山國小那端有個岔路可以接「舊遺址步道」，遺址是指以前這裡有平坦的河床，日本人用它做苗圃，遺址就是苗圃的遺址。這條步道是所有步道裡面最長的，還有很多之字形的髮夾彎，會比較累。還有一條「啥力鬌 Salizan」私房步道是在我的茶園裡。

這些步道都是部落居民一起整理出來的。八八風災之後，藤枝森林遊樂區休園關閉，住在這裡的人少了觀光收入，想要吸引遊客，讓他們注意到這裡除了藤枝森林遊樂區之外，還有寶山、還有部落。以前遊客從高雄過來，開車直接上藤枝，繞了一圈就走了，大家都不知道藤枝屬於寶山里，講到寶山還以為是新竹的寶山。所以我們想趁藤枝沒有開園的機會，讓大家認識寶山。步道有的是農路，有的是八八時主路坍方開出來的便道，主路通了之後沒人在走，就規劃成步道。我們還參加導覽人員的訓練、考丙級廚師執照，讓大家走完步道可以吃到布農族的風味餐。

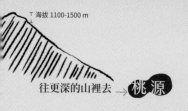

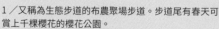

Q3：您和「啥力鬌 Salizan」私房步道有什麼樣的交集和認識？

剛剛說寶山野生茶步道是七號農路，我們現在要去的步道是四號農路，是我爸爸 Salizan 運送杉木開通的，為了紀念用他的名字命名。步道入口在藤枝林道 11.5 K 左右有一個岔路進去，就可以往上走了。這裡以前是登山路線，登頂就是寶山三角點。沿途的茶樹長在東面，早上太陽照過來的時候茶味很香。你看有老鷹飛過來了，離我們好近！應該是灰面鵟。你仔細看路邊，有山豬挖過的痕跡，他在找蚯蚓吃。這裡還有山羌一堆，等下我找找看有沒有山羌的路徑。(從農路左轉進入山裡的小徑) 這邊進去是

3／在「唅力髻 Salizan」步道（四號農路）示範製作陷阱。
4／布農聚場。
5／發現石板！是有人做石頭陷阱抓老鼠的痕跡。

我的茶園，茶樹自然長在杉木底下，一年只採一次。這片杉木林是日本杉，是小時候我的祖父和叔叔上來種的，當時政府鼓勵造林，這也是為什麼我們族人很早就有很多人離開山上。我們布農族以小米為主食，這裡本來是我們的小米田，造林之後我們沒有地方可以種植，民國六十幾年很多人只好跑到都市謀生。加上台灣經濟起飛需要很多勞工，年輕人往外發展，這裡就留下老人家。我這一輩現在五十幾歲的人，很多都在外面買房子不回來了，山上的人就越來越少。

這裡也有藍腹鷴喔！還有很吵的竹雞。這棵樹是狗骨仔，這種木頭超硬，我們布農族做陷阱最喜歡用這個，因為它的彈性很好，也有人拿來做弓箭，早期還是做印章的材料。旁邊這塊石板，就是有人在這裡做陷阱。以前還是小米田的時候很多老鼠會來吃，所以我們幼稚園的時候就會做陷阱了，上學之前早上四點起床在山裡到處巡，看有沒有抓到老鼠，減少鼠害，也可以當菜餚吃。做石頭陷阱要找四根分岔的樹枝當支柱，還有用藤來做繩子。樹枝一端削尖插進土裡，另一端撐起石板，裡面放地瓜、玉米之類的誘餌，牠進去吃就會被壓死。

這裡還有很多漂亮的蕨類，這個是鹿茸蕨，這是崖薑蕨，也有人說是鳥巢蕨。部落發生過一個小故事，有一對夫妻，老公非常懶惰，躺在長滿崖薑蕨和山蘇的樹幹上睡覺，老婆在樹下很忙，看了很生氣，就拿他的獵槍從下面打，老公嚇死了！你不要看崖薑蕨這樣，子彈都穿不過去。再來這個叫鳥不踏，因為上面刺很多。這是很好的中藥材，很多人都會來採。順便介紹小的這棵是金雞納樹，日本人在六龜的扇平種很多，可以提煉奎寧，用來在南洋作戰。

我們現在站的地方是在稜線上比較平坦的地方，可以瞭望整個六龜。未來我想在這裡做一個平台，可以坐下來欣賞美景。

5

4

Q4：平台上的山景真是迷人！能不能為我們介紹這些山的名字呢？

我先介紹溪流的名字。有沒有看到妙崇寺那邊的溪是荖濃溪，另外一邊是邦腹溪，寶山就是在這兩條溪的中間。最遠往台東那裡看，那座山是石山，是中央山脈的餘脈，石山再近一點是溪南山，再近一點就是可以從寶山國小周邊的步道出發去爬的藤枝山、頭剪山、寶山，旁邊尖尖的是東寶山。越過邦腹溪從藤枝下來最先遇到見付山，下來一點是在我家前面最高的榆油山，再來是南鳳山、五公山、駝峯山，下來靠近六龜扇平的是大原山。石山旁邊在台東和高雄的交界是卑南主山，我們就是從那裡翻過來整座山亂竄。布農族像小強，韌性很強，哪裡都可以生存。

在我們寶山這裡原本有四個部落，一個是寶山，往上是二集團、藤枝，最靠近山腳有一個檢查哨，就是入山管制站那裡，以前也有聚集很多住戶。

Q5：您眼中的布農聚場步道呈現了什麼樣的風景？

這裡也被叫做「霧的故鄉」，因為兩邊都有山溝水氣容易集結，下午的時候住在那裡的人衣服是曬不乾的。

剛剛在路上有沒有看到一個水源頭？那是「Danum」，就是水源的意思。這裡沒有自來水，居民都要從這裡自己拉水管接山泉水，所以我們也叫這個地方「Danum」。今年我開始把這些古地名寫下來，製作成小手冊，因為我們現在都講幾K幾號路，都不知道以前我們的祖先是怎麼去敘述一件事了，也會忘記古代老人家發生過的事情。像是我們剛剛經過12.5 K的橋，曾經發生過一個叫 Biung 的人，為了挖大石頭底下的一

窩蜜蜂，被突然滑落的大石頭壓死，所以那裡叫做「缺門牙的人 Biung tangava」。布農族命名喜歡加一個「副檔名」，才知道在叫誰。像我叫做「Bukun」退休之前我是「布「布袞警察 Bukun Kisacu」，現在我是「布袞傳道師 Bukun tatahu halinga」。布農族的名字還不只這樣，每個姓氏、人名都是有典故的，未來有機會的話，我也想把這些典故都寫下來。

從寶山國小上面的岔路進去就是布農聚場步道。我也不知道為什麼有這個名字，但是早期的人要是沒有菜吃了，晚上就會來這裡獵一些竹雞、山羌、飛鼠、松鼠之類的回去吃。山裡有很多好吃的喔！你們有沒有聞到香味？這是台灣肉桂！飛鼠在吃的，我們只能撿牠們吃剩的拿來當香料，直接加在肉上面。你有看到松鼠跑過去嗎？松鼠也很好吃喔，很甜，加龍葵、薑片煮湯絕配。這是山蘇，嫩葉可以當作菜。這個是雙龍葵，有聽過嗎？葉子和龍葵不一樣，頂端平平的，比較會回甘。我之前用龍葵、雙龍葵、山苦菜、刺蔥煮一鍋湯給妹妹退火，很有用。刺蔥也是野生的，土地只要燒過之後，這些野菜自然就會長出來。這個是半葉蓮；這是冷水青。這些植物藥用的話都是清肝退火的。我自己有種一些布農族的民俗植物，都是山上有的，要用的時候就很方便。像是山豬肉，這是植物的名字喔！拿來燉樹豆和大骨很夠味。還有「十大功勞」，就是「黃柏」，可以作藥材，用途很多。這棵茄苳又叫做「美人樹」，因為我們有一個神話，一對不同聚落的少年少女看對眼，約在河邊見面，少年卻誤了約會的期限，匆忙趕到河邊少女還在，他們聊得很開心，要走的時候卻發現少女屁股已經生根，沒辦法離開，就長成茄苳樹了。還有台灣梭羅。這條步道生態很豐富，所以也叫「生態步道」。

八八風災的時候這條步道發揮很大的

6／被稱作「山豬肉」的植物，可以拿來燉樹豆和大骨。
7／布農聚場步道上的雙龍葵，可以用來煮退火的湯。
8／下午往布農聚場路上，體驗到名符其實的「霧的故鄉」。

效用，因為主路坍方之後，大家就走這條路到藤枝，雖然主路通了之後這條路就很少在用。八八風災之後，這裡變太多了。

Q6：希望大家來到這裡如何「發現寶山」呢？

從「空氣」開始，寶山可以讓大家在最短的時間感受高海拔的空氣，再來走步道欣賞自然景色，再到山茶坊坐下來喝茶，認識我們原住民，聽我們說布農族的文化，吃我們布農族的風味餐。來一趟深度旅遊，享受所有不知道的事物吧。

8

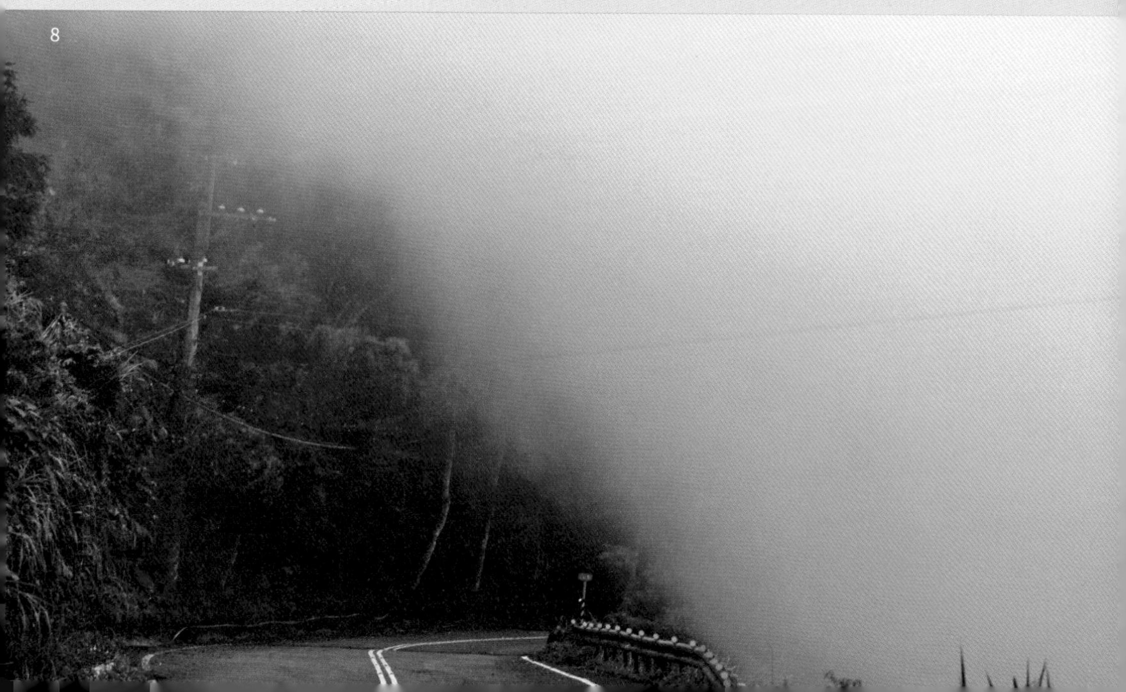

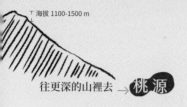

Part 3
用料理回訪山林

透過料理人認識山區食材，
各自擅長的料理提案與土地交集出創意美味，
感受山的廚房其實也能與你我很靠近。

從米食和醃漬菜，展開舌尖的甲仙小旅行

撰文・郭銘哲
攝影・陳建豪

人會凋零但山永遠都在，料理，就像是在爬梳人與山林之間的關係，盤整，累積，進而代代傳接下去。愛鄉的愛，是共好，讓每一個在地夥伴用他一輩子最擅長的事情說出他自己，協會做的僅是提點與陪伴，讓他們在這些與山野間已發生或未來即將發生的故事中成為更好的自己。料理是活水之一，讓一批批前來的旅人們把甲仙帶著香氣的美，順流帶出山域。

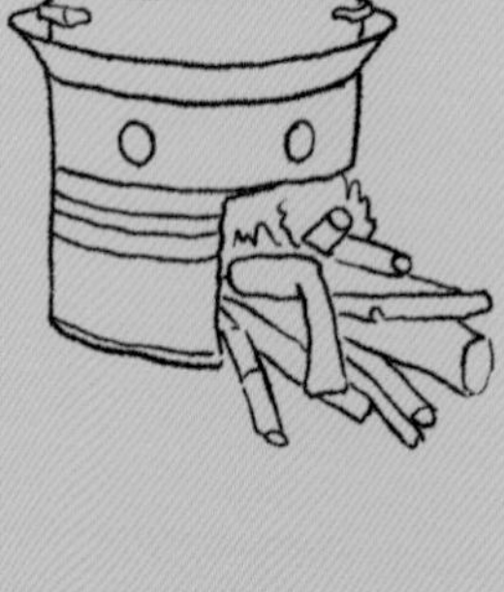

1／陳茂吉阿公（左）與劉秀英阿嬤（右）。
2／以龍眼木、芭樂木為柴火蒸煮著大武壠族傳統飯食「糈」。
3／甲仙愛鄉協會曾家菁總幹事。

2

3

多元風土的甲仙體驗

甲仙住民族群多元，他們先後移入這座山城，多年來學習認識風土並與之共融，甚至是結合家鄉帶進的手藝，不僅落地扎根，還長出了新葉。莫拉克風災後甲仙重創，電影《拔一條河》讓許多人重新認識了這裡，十多年來因為許多先進不斷投入協助，而就像桶箍（tháng-khoo）般存在的「甲仙愛鄉協會」，則凝聚了許多在地人共同參與，「自己的家鄉自己愛」，目前協會已進化到3.0版本，各種主題式小旅行的操作已然發展成熟，其中結合山野特色的風土拜訪與餐食體驗特別受歡迎。小旅行樣貌百變，可以跟隨一百五十年前蘇格蘭攝影家約翰・湯姆生（John Thomson）走過的路線進行探險，也可深入白雲仙谷和六義山等步道健行，回到市區再結合手炒芋冰、拔染／槌染、挑咖啡豆、香草與野菜採集、手作黑糖、做粿等互動式體驗，輔以族群故事脈絡化後的穿插

5

4

來替旅行增色。甲仙愛鄉協會目前合作的農戶約莫十家，有龍鬚菜、黑糖、百香果、傳統粿點等，餐食體驗的形式也多元，可以是辦在香草園裡的田園饗宴、也可以隨興戶外野餐或拜訪農戶後即做即吃、不同類型餐館也相互火力支援推出跨界餐桌，過程輔以職人們的分享，來具象化這片山林的豐美。

保存分享傳統手藝，與在地長輩一起成長

甲仙愛鄉協會總幹事家菁分享道：「設計推廣的小旅行都是行之有年的內容，只是我們透過更細緻更有溫度的方式不斷和社區溝通，持續優化旅行內容外，更重要的是讓長輩們能同步學習與相互成長。」傳統手藝的彼此切磋交流，無形中也是在拉長和時間對抗下文化保存的可能性。因此協會的原則就是每場活動「都把現場交給主角去引導」，先往內鑽，再向外擴散。

劉秀英阿嬤和鄭添德大哥是小旅行中備受歡迎的要角，都是老甲仙人，渾身上下都是寶，當講到山林與風土料理時，他們都是信手拈來。

劉秀英阿嬤是粿的專家

七十四歲的劉阿嬤原是小林村人，在地人都直呼她「阿妗 a-kīm」，嫁來關山里先生陳茂吉家後協助農忙，閒暇之餘也會炊起各式各樣好吃的粿兜賣，在地人過節時就會找阿妗訂粿，過年訂甜粿、媽祖聖誕訂紅龜粿、清明訂草仔粿、中元普渡訂鹹粿，九月半小林夜祭時訂的粿則多了份對故人的遙想與思念。她做粿精湛的手藝悉數承傳自母親，特別兒時常吃的草仔粿和「粿 māi」，每做一次，都像在複習這片山野與母親曾慷慨給予的愛。

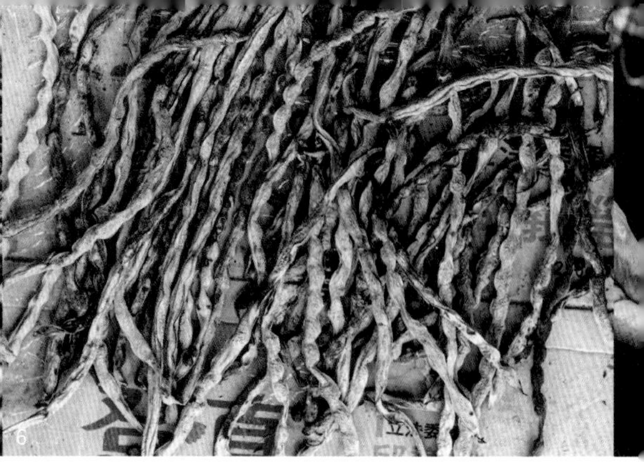

是料理達人也是風土通的德哥

鄭添德大哥也像阿妗一樣，藉由一道道料理複習甲仙山野與家人傳承的味道。如今小旅行中超高人氣的「獵人餐盒」即是從他家父輩務農食用的農家飯轉化而來，有炒高麗菜酸、涼拌芫荽醬筍、豬油渣炒味噌、蔭醬龍鬚菜、野味豬肉片等，小小一盒飯裡盡是從山擷取而來窮變的智慧。德哥也是風土通，帶路小旅行如果走到白雲仙谷或六義山步道等健行路徑時，還會沿路幫你惡補一堂堂「植物課」，筍的細節、做木屐和火柴的江某、早年會拿來燒灰製作粳水包粽的黃荊、先民採樟的奮鬥故事等……走一趟才會明白，料理都已經是很後面的事了，重點是你該如何先和山產生連結。

4／來到阿妗做粿的廚房。
5／蒸好的草仔粿！香蕉葉和讓粿有淡淡綠色的鼠麴草都來自甲仙當地。
6／九月豆鮮豆莢水煮過再曬乾保存。煮排骨湯很好喝。
7／九月豆的豆仁，可以煮食也可當種子。阿妗熟悉運用各種日曬保存蔬菜的方法。
8／為我們示範涼拌醬筍的鄭添德大哥。

料理提案01

草仔粿

阿姈用的是甲仙常見的鼠麴野草，草料採摘後先曬乾，再剁碎冷凍備用。鼠麴草的花如果用的量多，蒸炊好的粿色澤較淡但帶著花香，做「粿粞kué-tshè」瀝漿用的大石來自溪溝仔。

粿粞kué-tshè：將糯米磨成漿後，裝在棉布袋裡，再壓上大石頭，水份會被過濾掉，使得糯米漿變固體狀，就叫「粿粞」，即可用來做粿、年糕、搓湯圓。

餡料：

阿妗準備的餡料是從母親的版本延伸，紅蔥頭片切爆香，依序下豬肉、香菇、乾蝦仁和菜脯絲，以醬油、胡椒、五香調味，全是信手拈來無法量化的人生經驗值！熱吃好吃，靜置一段時間冷吃更Q。

材料：

長糯米、鼠麴草、砂糖、沙拉油、餡料、自製花生碎粉、香蕉葉

作法：

1 生長糯浸泡過夜。
2 磨漿瀝水變成粿粞、連同鼠麴草料和砂糖攪拌（phàng）成米糰。
3 phàng 完要再用手撋一下把米的 Q 度揉出來。
4 取「粞」的一小部分入水煮熟成「粿酺 kué-pôo」備用。
5 續在生糰中加進帶黏性的「粿酺 kué-pôo」塑形捏成丸狀。
6 掌心抹油，將生糰壓整成合適大小。
7 騰入花生碎和豐滿餡料。
8 塑型成菜包狀，放置香蕉葉上大火蒸炊即完成。

粿酺 kué-pôo：煮熟的糯米團。將生糯米團「粿粞」取一小塊先蒸熟，即是具有黏性的「粿酺」，再將其均勻揉入「粞」之中，就可以用來做粿、搓湯圓。

料理提案02

⿰米買 māi

發音ㄇㄞ，是阿妗從小林村母家帶來，從小吃到大的傳統家常飯食。柴火燒飯最優，就地取「柴」，芭樂樹、龍眼木、竹筒全都可以拿來燒。鹹吃的土豆 māi 最常見，也可加進這裡容易取得的芋頭、地瓜或九月豆，也或者將帶著鮮明酸鮮氣的山蕉拌攪進 māi 中，或兌進一些米酒和桂圓甜吃。靠六龜荖濃那邊的 māi，吃起來的口感會更偏向油飯。

材料：

長糯米、未去膜的花生、鹽水

做法：

1 生長糯浸泡過夜。
2 燒柴、熱灶、洗鍋、上蒸籠、將生糯平均攤平籠內，約莫蒸炊一個多小時。
3 中間須多次掀蓋拌攪，確認米粒是否均勻受熱。
4 未去膜的花生在蒸炊後段加進糯米飯中。
5 起鍋前撒點鹽水（同時預防食用者脹氣）。

阿妗小補充：草仔粿與 māi 的示範約動用了5斤糯米的量，約可製作30到40顆草仔粿，māi 也是採多人大鍋份量燒製。

料理提案03

涼拌醬筍

甲仙的筍吃法多元，源自平埔原住民與後來的閩客族群的飲食文化，目前常見的吃法主要分成醬筍、酸筍、脆筍和筍干等，筍干又分成全乾和半乾兩種，半乾的版本拿來封肉口感最好。德哥說，細推甲仙吃筍風氣盛行方式多變的原因，也和早期從嘉義、內門、杉林、美濃到甲仙都有大範圍的竹子造林計畫有關，栽種的竹子品種以刺竹和麻竹為主。刺竹多拿來製品，麻竹筍因具備高經濟價值，所以不以砍伐為主。醬筍拿來涼拌、炒肉／內臟／野味、蒸魚、烘蛋、熬湯都好吃。

醃筍材料：
麻竹筍、黃豆豉、鹽巴、砂糖、甘草片

作法：
1 準備一個乾淨的玻璃罐。
2 麻竹筍、黃豆豉、鹽巴、糖的比例抓10：1：1：3，放入罐中。
3 加進少許甘草片提味。
4 罐中靜置發酵三個月即完成。

涼拌醬筍材料＆作法：
在醬筍中加入少許醬油、香菜、蒜頭，拌攪均勻即完成！

德哥小祕訣：醬筍醃「過年」（一整年）的版本滋味最豐厚。

料理提案04

炒高麗菜酸

德哥分享早年沒冰箱，阿嬤就用錢罐仔放高麗菜，用玻璃瓶緊壓到變成真空狀態，只下點鹽巴然後開始醃漬，一兩週就可發酵完成。農家版本發酵過程因為沒有滅菌，因此瓶內仍不停作用，開瓶後會啵啵啵地冒泡，有如「甲仙香檳」，甲仙地區漬菜風氣盛行，除了高麗菜酸，冬筍乾、九月豆仔乾、白花椰菜乾等也都常被拿來烹調時使用。德哥說早年農夫便當裡放點高麗菜酸，還有讓米飯防餿和抑菌的效果，就像日本便當裡會放顆梅子那樣。

材料：

高麗菜酸、蒜頭、開水半碗
料理米酒、醬油少許、
砂糖少許

作法：

1 爆香大蒜。
2 倒入高麗菜酸拌炒。
3 加半碗水或料理米酒。
4 少許醬油調色用。
5 拌入少許砂糖。
6 湯汁收乾即可起鍋。

德哥小祕訣：高麗菜酸炒肉或海鮮、煮湯、炒飯都適合。

甲仙愛鄉協會

高雄市甲仙區忠孝路 2 號 2 樓

成立於 2006 年，持續結合在地物產串連社區小旅行與風土餐桌體驗。將食農教育帶入當地校園，現也是甲仙的樂齡學習基地、新移民住民的社區服務據點，1 樓設有愛鄉微食堂。

Tirsta(左) 與 Nato(右)。

打開龜時間的「食」光寶盒，發酵滋味最甘美

撰文・謝欣珈
攝影・陳建豪

推開門，彷彿濾過了中正路上熙攘的人車喧囂，走進一片都市裡的自然之地。黃檸檬糖漿餘韻的酸甜、薑汁溫和的甘辣，牽著來人的手，一步步地往淺山走去。都說高雄人熱情，作物一樣個性鮮明，佐以時間的發酵之味，一口便流連忘返。

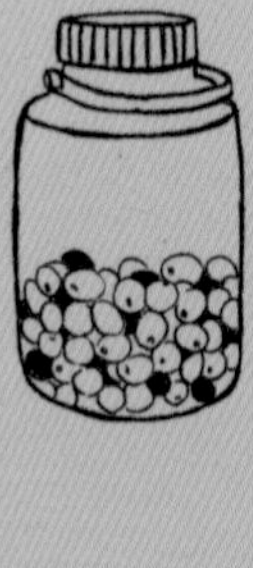

1

1／用台梗 9 號做的米麵包，未來也會使用高雄 147 號米來製作。
2／高雄那瑪夏的青梅、屏東山地門的土芒果等，都是 Trista 實驗風土滋味的夥伴。
3／杉林的薑發酵做成薑汁、旗山黃檸檬發酵成糖漿，都能入菜提升味覺層次。

2

從料理重新連結家鄉的山

Nato 和 Trista 就和其他高雄人一樣，小時候對山的印象就是家庭休閒，爬柴山、壽山登頂看夕陽，下山再到鹽埕吃個雞肉飯、虱目魚丸湯，完美。長大之後反而不愛去人擠人，和高雄山的連結淡去，直到與「微風市集」合作開料理教室，才開始用另一種眼光與身分再度與山相連。

「微風市集」是週末的有機小農市集，農友來自高雄各處，有些在淺山，有些在深山，「我們為了料理教室去市集採買，才發現怎麼這麼好吃！原來菜會有差別。」兩人也才發現作物的生產是有季節的。「超市都是全台甚至國外來的東西，一年四季不會差太多；但是我們準備料理教室的時候，跟農友預約材料，到時卻不一定有，為什麼？他們是怎麼種的？種在哪裡？我們很好奇就開始去拜訪他們。」

杉林張大哥的薑園

到了張大哥的薑園，滿山的薑已十分震撼，再親自動手挖，接觸土壤與作物，「食物」原始樣貌的生命力經由土地、作物再傳導給人，「跟隨自然的直覺與法則判斷種植的時機，在作物最營養、最好吃的時候採收。」就是祕訣，直送市集的新鮮美味連日本人挑剔的味蕾也收服，牽線有名的篠原有紀子（Akiko）老師跨海來台，運用在地食材開設料理課程。

與旗山黃檸檬的相遇

Trista 愛吃，也熱愛研究、實驗料理，從有紀子老師習得發酵技能後，就像小朋友得到新玩具，張大晶亮的眼睛興奮地說：「發酵實在太有趣了！」菌會把作物的風味濃縮、升級，不僅更有層次，還會產生稱為「旨味」的鮮美，將料理點石成金。與旗山黃檸檬的相遇也因為發酵，有次料理教室想做柑橘醋（ぽん酢），老師問台灣夏天有沒有不錯的柑橘類果物呢？Nato 與 Trista 認真地四處找，找到高雄原來有全台唯二的黃檸檬。「這個品種是 Eureka，需要特殊技術才能轉成漂亮的黃色。」和常見的進口黃檸檬不同，酸、香、苦風味強烈，切開後進瓶餵糖與香料發酵，風味柔和下來且變得持久，就像歷經世事之後成熟的人，在任何場合都能保有獨特又舒服自在。

龜時間裡發酵之味
也可以說是 Trista 之味

Trista 笑稱自己像在養小孩，每天都會把瓶罐打開觀察、嘗試，直到出現抵達心頭的那一味，就是完成的時候，煮滾殺菌，等待送進各式各樣的客人口中。龜時間從料

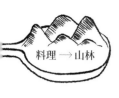

理教室到開咖啡廳，就是希望能「突破同溫層」，「因為料理教室成本高，課程價格不低，來的人不是很有興趣，就是要有些經濟實力，所以我們才想做大眾普遍喜愛的咖啡廳，也不特別強調有機，輕鬆進來這個舒服的環境，覺得東西簡單為什麼這麼好吃！引起他的興趣，我們再來分享。」雖然使用在地食材得不斷看天氣、看時令研發菜色；從頭處理食材要花費大量的時間與人力成本，而且有時研發走得太前面，太獨特另類，如夏季曾經出現一款消暑調飲「西瓜生薑甘酒」，嫩薑的涼性、西瓜的去暑再加上補充熱量的甘酒，功能與口味都很契合食慾不振的夏日，卻微妙地偏離了大眾想像。

不過，遇到的挫折尚擋不住愛吃的心，以及吃到好東西時深深地感動。Nato 和 Trista 會繼續在龜時間，打開山的冰箱，變出令人意想不到的料理，讓來龜的人帶著朋友一再歸來。

4／Trista 自認培養鹽麴的過程像養小孩，善用鹽麴提升料理滋味的豐富度，也是善待食材的方式。
5／店裡陳設著店主喜愛的日式小物。
6／騎樓的戶外座位也像處在山林間的滿眼綠意。
7／店裡用美濃木瓜做果醬、也喝得到寶山部落的紅茶，都是兩人上山探訪來的。

料理提案01

黃檸檬鹽麴沙拉醬

黃檸檬糖漿

黃檸檬由旗山區大林的悠綠客農場採無毒種植。與一般市售較無香氣的黃檸檬不同，採用市面上常見的綠色 Eureka 檸檬，於七、八分熟採下，以特殊技術讓表皮轉為鮮黃，降低澀味，香氣更柔和。將無毒黃檸檬洗淨、切片後進甕，再加入龍眼蜂蜜、砂糖、丁香、肉桂、黑胡椒後靜置，至少需十天發酵後，才可開甕品嚐。黃檸檬因為本身香氣已十分濃郁迷人，所以無需使用太多種類的香料。黃檸檬糖漿在加熱後仍能保有香氣與風味，運用於烘焙能使成品增添豐富的層次感。

左邊兩顆為 Eureka 檸檬，右為萊姆（無籽檸檬）。

材料：

生菜
鹽麴豆腐起司
自製香料水泡菜
胡椒
玉米餅皆適量即可

醬汁材料：

鹽麴（1匙，亦可用海鹽替代）
龜時間黃檸檬糖漿（2湯匙）
醃漬黃檸檬片（適量）
橄欖油（2匙）

作法：

1 將生菜洗淨後瀝乾，層疊在盤中。
2 撒上鹽麴豆腐起司後，將醬汁材料混勻淋在生菜上，再撒上自製香料水泡菜。
3 最後撒上胡椒與玉米餅碎片後即可食用。

鹽麴豆腐起司：把豆腐用乾淨的紗布水切後，放入米麴一起發酵而成。

香料水泡菜：蔬菜洗好、燙過後，放入用醋、辛香料、鹽、果醬一起煮出來的醬汁中，靜置三天。

料理提案02

薑汁燒肉

薑汁

Trista 對國外的薑汁汽水念念不忘，便想自己做做看，剛好「杉林有機農場」張大哥種植，約三至五個月的嫩薑香氣清新，肉質幼嫩、多汁，很適合做薑汁糖漿，買回來切片備用。起初僅和糖、肉桂一起發酵，成功之後又將香料做了多種嘗試，今年（2021）的版本使用糖、蜂蜜、檸檬、丁香、肉桂、黑胡椒、月桂葉、豆蔻、辣椒，和嫩薑一起發酵，約兩週後帶有溫和辣感又清爽的薑汁就完成了。薑汁的用途很廣，料理與飲品都能搭配，夏季食用可讓身體溫熱、微微出汗，帶走暑氣。

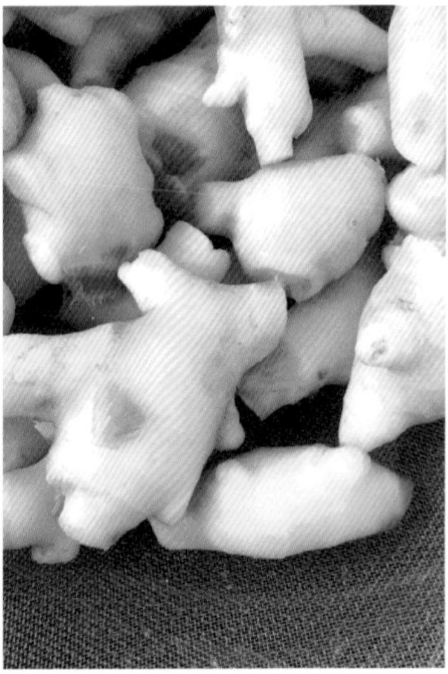

需時十四天發酵時間的龜時間嫩薑薑汁。

封裝成商品前須高溫加熱以停止發酵與殺菌。

材料：

梅花肉（200g）

洋蔥（半顆）

料理酒與醬油適量

醬汁材料：

醬油

味醂

龜時間薑汁各兩湯匙

油、醃漬嫩薑適量

作法：

1 將醃漬薑片磨泥，與料理酒、醬油抓醃梅花肉，冷藏靜置一小時。

2 將洋蔥切絲後以中火炒至半透明狀，再放入醃好的梅花肉一起拌炒。

3 將醬汁材料混勻後入鍋與梅花肉一起拌炒至收汁即可起鍋。須注意火太大、收汁過快會使肉片過老。

料理提案03

印度風香料薑汁奶茶

材料：

水（600ml）
全脂牛奶，豆奶也可以（600ml）
紅茶茶葉（20－25g）
龜時間風味薑汁（100ml）
香料（丁香、肉桂、野生馬告、肉豆蔻少許）
蜂蜜少許

作法：

1 水與香料倒入小鍋中一同煮至沸騰。轉小火，置入茶葉，煮至茶味、茶香與茶色完全散發，約兩分鐘。

2 一邊攪拌一邊倒入牛奶，慢火煮至溫熱，約兩分鐘。

3 加入「龜時間風味薑汁」、拌勻續煮至微微沸騰，約兩分鐘。關火，加入一點蜂蜜攪拌均勻。

4 濾去茶渣、倒入杯中，即可享用。

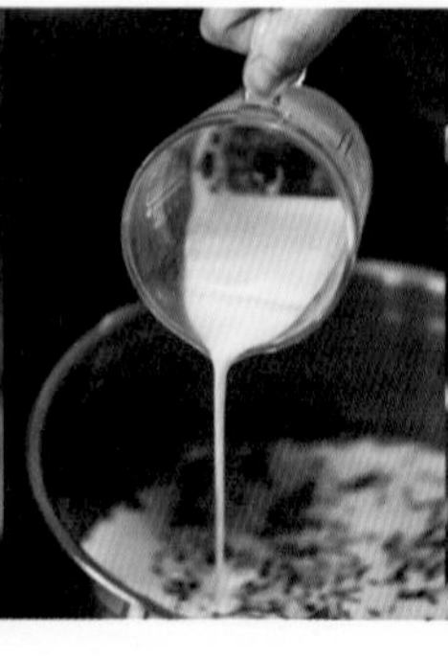

龜時間 goöod time

高雄市新興區中正四路 41 號
Nato 和 Trista 在 2019 年成立這間咖啡喫茶。採用南台灣有機小農蔬果製作餐點和商品，擅長藉由發酵和醃漬，風土在時間裡入味。

在家，烹煮一桌山林

撰文．林宜潔
攝影．陳建豪

如果山林可以烹煮，會是何款滋味？擅長和食料理的松鼠禾作舍主人陳怡君，以家常極簡理念，設計三道以高雄山林食材為主的餐食。六龜原生山茶、甲仙芋頭等食材，都在陳怡君的鍋中與日式調味完美融合。從原生紅茶燉肉、原生山茶泡飯到白煮芋頭，各有恬淡靜美的日常姿態。品嚐其味，彷彿悠遊高雄的山林景致中。

釀漬那瑪夏的梅子是每年例行期待。

1／竹編籃也是陳怡君探訪產地時的收穫。
2／被書牆包圍著的料理教室上課所在。

跟隨食材識山林

「對我而言，透過食材跟山林連結是比較直接的。」陳怡君自謙雖為土生土長的高雄人，親身踏足高雄山林的經驗不多，對山林的認識多來自風土產物。「就像講到梅子，就一定會想到那瑪夏。」陳怡君說，採購新鮮的那瑪夏青梅回家釀酒，已是每年三四月的例行期待。她微笑展示自釀梅酒一邊說，以那瑪夏李子製作的果醬也十分好吃，是她的私房喜好。

高雄的微風市集與消保市集等以農民為主的有機市集，都是陳怡君平時喜好尋找季節食材的好去處。「有些攤主基本上都買到認識了，會知道哪個時間有什麼食材，哪一攤品質較佳。」陳怡君說，除在市集裡購買食材，她也樂於親訪產地認識生產者，探索食材身世。

２０２１年夏末，陳怡君因著對台灣原生山茶的興趣，到高雄市六龜區拜訪茶

廚房是讓陳怡君感到開心活力的來源。

農。六龜山茶是台灣的原生茶種，生長於海拔600公尺至1600公尺之間。「親自看到產地環境，感受更深。」陳怡君說，六龜山茶以友善環境方式種植，採收後依不同發酵程度製成青茶與紅茶，喝起來回甘強烈，別具特色，讓她決定以此兩款茶品分別設計「六龜原生紅茶燉肉」與「六龜原生山茶泡飯」。另一道「白煮芋頭」則使用於微風市集購得的檳榔心芋，以日式煮物手法製作台灣少見的芋頭料理。

單純且各有風華的三道山林滋味

「透過料理，我們可以更深入認識好食材」。陳怡君說，六龜山茶除了品飲，入菜也合適，不必繁複料理，也能呈現好味道。

「原生紅茶燉肉」，以電鍋就能簡易操作。陳怡君說，原生紅茶滋味較為濃烈，與帶有油脂的豬肉塊共同燉煮後，清爽耐吃且上色好看，無論自用或待客都討喜大方。

另一道以原生山茶所製青茶設計的「六龜原生山茶泡飯」，靈感則來自她最熟悉的和食系統。陳怡君說，日本茶泡飯多以綠茶為基底，盛一碗白飯放上想吃的配料，沖入熱茶即大功告成。輕發酵的六龜山茶回甘強，搭配第一道原生紅茶燉肉與白飯一起享用，使人胃口大開。

在簡單作法中講究細節，是陳怡君長年研究日本料理內化的功力所在。最後一道「白煮芋頭」原料只有三樣：芋頭、清水與白高湯，備料卻花了比預期長的時間。只見陳怡君先以鹽巴搓揉芋頭表面，洗淨切塊後，拿起每一塊芋頭，細細將邊緣銳角修成圓弧，「這樣才能在燉煮中保持湯汁清澈，並且不易散開。」她笑著說，注重細節確實是她的日常。而此次料理使用產自屏東高樹的檳榔心芋，陳怡君補充，高雄甲仙出產的檳榔心芋名氣遠播，然產季短且量少，取得難度較高，若能購得甲仙的檳榔心芋，亦為餐桌極品。

以身識味，煮讀並行的餐食理念

目前以開設和食料理課為主的松鼠禾作舍隱身日常住家，溫馨暖白的木作傢俱，滿牆文學、料理書籍，透露出主人陳怡君的生活喜好。松鼠禾作舍創立於2014年，原以販售友善環境食材為主，也因好手藝獲高雄誠品書店、蔦屋書店邀請開設料理課程。2018年，松鼠禾作舍地點遷移，轉型發展料理課程，並常於臉書專頁分享各式食材的作法與風土知識。

「我想多傳達飲食相關的文化歷史，挑選食材的方法，帶領學員體驗烹煮的過程。」陳怡君說，自己從小迷戀食物與人的關係，教學時也希望將食譜以外的深度知識分享給學員。畢竟每樣食材都有其風土背景，認識食材就是在認識周遭環境。如同她在訪談之初所言，透過食材味道認識的高雄山林，或許比實際走過的連結更深。

3／示範削掉芋頭塊的銳角，這個小動作能在烹煮時使芋頭塊不容易散掉。
4／以電鍋就能料理的六龜原生紅茶燉肉。
5／另以六龜山茶來做茶泡飯。

料理提案01

六龜原生紅茶燉肉

選用來自高雄市六龜區，稀有的台灣原生茶種「台灣原生山茶」經重發酵製成的「原生紅茶」燉煮梅花豬肉。步驟簡易，以電鍋即能烹調，在原生紅茶的甘甜香氣襯托與琥珀色澤浸染下，搭配些許香料，呈現出燉肉料理中難得的清麗面貌。放涼後切片，淋上特調醬汁，更為討喜下飯。另可部分保留切成肉絲，搭配「六龜原生山茶泡飯」享用。

材料：（四人份）

梅花豬肉1斤
六龜原生紅茶8－10g
月桂葉1片
迷迭香、黑胡椒粒少許
清酒約2－3杯米杯
清水約2－3杯米杯

特調醬汁材料：

醬油2匙
糖1匙
米醋2匙

松鼠小祕訣：建議選用完整形狀且帶有油花的豬肉部位，較耐燉煮，與原生紅茶的微澀特性結合後，口感軟嫩清爽。

芝麻香油少許
岡山明德豆瓣醬少許
六龜原生紅茶燉肉肉湯5匙

作法：

1 將整條未切的梅花肉放入電鍋內鍋，四面均勻撒上黑胡椒粒。
2 放入原生紅茶，月桂葉與迷迭香。
3 加入清酒與清水，兩者比例為1：1。份量以淹過梅花肉的高度為原則，可視內鍋大小調整。
4 將準備好的燉肉食材置入電鍋，於外鍋加入兩杯水。等待約四十至五十分鐘，待電鍋開關跳起，整鍋取出放涼。
5 將放涼後的燉肉自肉湯中取出，依欲食用的份量切成薄片，淋上特調醬汁，六龜原生紅茶燉肉即完成。

料理提案02

六龜原生山茶泡飯

日本茶泡飯多以綠茶為基底，搭配家常食材，是方便且暖心的小食。產自六龜的原生山茶，以輕發酵手法製成青茶，滋味清香微帶苦韻，回甘強勁，用來製作茶泡飯再合適不過。盛好白飯，佐以滷香菇絲、蛋絲、原生紅茶燉肉與海苔，沖入熱呼呼的六龜原生山茶，自是一道獨屬台灣風格的茶泡飯，滿溢高雄山林的風土百味。

材料：（四人份）

白飯4碗

配料（滷香菇絲、蛋絲、原生紅茶燉肉切絲與海苔絲）

六龜原生山茶5－8g

滷香菇絲作法：

1 乾香菇約100g，以水泡軟後擰乾，切去蒂頭備用。

2 老薑切3-4片備用。

3 將泡軟擰乾的香菇放入小湯鍋中，加入滷汁基底，清水、味醂、醬油，比例依序為3：2：1，微淹過香菇表面即可，不需過多。

4 開小火煮滾，約八至十分鐘後加入薑片，持續滾乾收汁。

5 待滷汁收至將乾，放涼切絲備用。

松鼠小祕訣：可使用日本料理中的「落蓋」技巧，加快滷製與入味速度。取一張烘焙紙，剪成比湯鍋略小的圓形，於圓心處剪出約10元硬幣大小的缺口，直接覆蓋於滷香菇上方，直到滷製完成。

蛋絲作法：

1 雞蛋4顆，加入少許鹽巴與糖，於容器中均勻打散。

2 以細篩網過濾蛋液，避免質地不均。

3 取平底鍋，開小火，以廚房紙巾在鍋底均勻抹油，有油光即可，不需過多。

4 蛋液分三等份倒入鍋內，每次入鍋後持鍋旋轉，使薄蛋液均勻覆蓋鍋底。

5 煎製約一分鐘即可起鍋，放涼捲起切絲。

松鼠小祕訣：建議白飯與配料準備完成後再泡茶，熱茶是茶泡飯的美味關鍵。

原生山茶泡法：

1 取茶葉約5-8g，以85-95度熱水沖泡，單次水量約150-180ml。

2 浸泡三十秒至一分鐘倒出。

3 視需求量重複沖泡，第三泡後，建議每回增加二十至三十秒浸泡時間。

茶泡飯作法：

1 取一深碗，盛白飯，視個人喜好酌量鋪上滷香菇絲、蛋絲、原生紅茶燉肉切絲與海苔絲。

2 淋上剛沖泡完成的六龜原生山茶茶湯，至碗內食材八分滿，趁熱享用。

料理提案03

白煮芋頭

高雄市甲仙區出產的檳榔心芋聞名全台，每年約於國曆十月份開始採收。近年產量供不應求，也能見到鄰近鄉鎮如屏東縣高樹鄉出產的檳榔心芋至此販售，品質亦有可觀。檳榔心芋肉質細緻綿鬆，芋香濃厚，適合燉煮，還能鹹甜通吃。為呈現檳榔心芋的純美原味，白煮芋頭採日式煮物手法，僅以清水與日式白高湯燉煮，成果芳美純粹，是一道熱涼皆宜的芋頭料理。

松鼠小祕訣：建議使用耐燉且保溫性佳的鍋具，如鑄鐵鍋，煮製效果更佳。燉煮過程耐心撈去浮沫，高湯味道將更清澈芳美。

材料：（兩人至三人份）

檳榔心芋1顆、日式白高湯約40ml

清水約200ml、柚子醬少許

作法：

1 芋頭洗淨，擦乾削皮，均勻分切塊狀。

2 將芋頭塊的銳角稍微修去，使芋頭在燉煮時保持完整不易化散。取少許鹽巴輕搓芋頭表面，去除黏液後以清水洗淨再行烹調，可保持湯汁清澈。

3 洗淨芋頭塊，以紙巾吸去多餘水分，放入小湯鍋內。

4 倒入清水與白高湯，依序比例為5：1，以淹過芋頭表面為原則。

5 開火煮滾，大滾後關小火續滾，保持鍋蓋微開。

6 觀察芋頭塊邊角開始糊化即關火，蓋上鍋蓋，以餘溫續悶入味。

7 白煮芋頭製作完成，可視個人喜好搭配柚子醬食用，熱食放涼皆宜。

松鼠禾作舍

高雄市左營區太華街 58 號 7 樓

陳怡君（松鼠）透過各種和食手藝探索、守護這片土地的友善好食材。開設料理課程與講座，也在「松鼠禾作舍」粉絲專頁書寫分享著依循季節的料理食譜。

香蕉、冰淇淋，與它們的產地

撰文・曹沛雯
攝影・陳建豪

行車在高雄旗山，遍野如海的香蕉園是尋常不過的景色，一陣風來，把香蕉葉吹得沙沙作響像綠色的浪。十一月初的旗山還很熱，為了讓光線打進濃密的香蕉園好進行今日的採訪拍攝，我們與小露吃兩位主理人相約正中午。兩人將實驗室器材一樣的設備連拖帶扛搬進香蕉園，一時之間有種美劇「絕命毒師」的既視感——化學專家與毒販兩人聯手在郊外製冰毒。

不同的是，小露吃製的冰沒有毒，只會讓人上癮。

1／來到旗山 Eureka 悠綠客黃檸檬農場的香蕉園。這裡也是小露吃冰淇淋檸檬口味的食材來源。
2／工作室裡剛做好的荔枝白桃義式冰淇淋，使用高雄大樹的荔枝。

旗山、香蕉、冰樂園

用氮氣製冰，其實是小露吃進入校園，帶孩子一起玩科學的魔法課，用冰淇淋導入飲食教育，以有趣的方式認識在地食材。如果學校在台南關廟，就用鳳梨教小朋友做冰；在高雄旗山、大林，就用香蕉、檸檬；甚至到了巴楠花部落中小學，運用學生自己種的洛神煮成的果醬製冰。以生活常見的在地物產，透過冰淇淋創造迷人的風味及變化，激起孩子們認識在地物產的熱情。

陽光打在綠油油的香蕉葉上，亮得令人睜不開眼。回顧旗山種植香蕉的歷史超過百年，由於當地的粉砂土適合香蕉生長，種出來的香蕉香氣、口感絕佳，為旗山帶來了繁榮，一直到現在都還是旗山的代表作物。東師傅幽默表示：「如果要在旗尾山設計一個像 Hollywood Sign 的立牌，應該就會立上『BANANA』。」

3／小豪（右）與東師傅（左）。
4／大廚東師傅準備製作荔枝白桃口味的冰淇淋。來自大樹的玉荷包會先製作成果汁冷凍保存。
5／小豪負責製作冰品以外的銷售等工作。

冰淇淋是載體，用食材說土地的故事

來自台南的東師傅，原本從事博物館策展工作，從吸收一個展的知識然後全力輸出，結束之後一切又要從頭來過，久而久之發現自己常常處於被榨乾的狀態。「當時剛好小豪問我要不要合夥，沒多久我就決定從台南搬來旗山，和他一起開店。」小豪家裡是旗山老街一家老字號傳統冰店，但傳統冰品一份平均四、五十元，以利潤來說，無法支撐小露吃想找小農合作的模式，於是才決定另闢品牌，讓小露吃成為一個載體，對土地理念相近的人在這裡展開交流與合作。兩人親自到農田拜訪耕作者，「其實只要進到園子裡覺得舒不舒服，大概就可以知道農田主人耕作的方式。」不強調有機、自然農法，而是讓農民願意誠實交流，讓人明白種出來的東西是安全無虞的比較重要。

因為建立了信賴關係，許多充滿實驗精神的果農，若有新品種的作物，不管多稀有、多昂貴，都樂於帶來交流、試做成冰淇淋，讓小露吃建立了龐大的味覺資料庫。熱心的農民也會主動向小露吃推薦其他優質農戶，農民之間可以彼此認識與交流，久而久之在小露吃形成了一個農友社群。

逆流而上的尋味之路

前往那瑪夏的路，因為受到楠梓仙溪的切割地形險峻。沿著河往上游走，沿途都是小露吃重要的食材產地，荔枝、香蕉、鳳梨、甲仙黑糖、芋頭。到了深山，還有紅肉李、水蜜桃和茶。農民靠天吃飯，山中氣候變化多端、山路深遙險峻，在山裡討生的人天生就要比別人辛苦。小露吃的紅肉李來自那瑪夏，因為收成季節適逢雨季，所以往外輸送的過程常常會遇到公路坍方。費力生產的紅肉李其實非常不受當地孩子們的青睞，部落

年輕人都不喜歡吃。小豪和東師傅覺得很可惜，於是研發出一款紅肉李冰淇淋，看看有沒有辦法讓討厭紅肉李的小孩重新愛上自己土地的食材。某天下午，種植紅肉李的原住民老夫婦，帶著兒孫一家快二十人，盛裝打扮下山來小露吃品嚐自己種的紅肉李做成的冰，果然孩子們吃了之後都非常喜歡。因為使用某種食材進而跟農夫發展出超越買賣關係的情誼，是小豪和東師傅覺得最棒的事。

只是理想也有敵不過現實的時候。鄉村消費市場不比城市，小露吃無法負荷虧損，決定在第五年將店面收起來重新調整經營方式。後來以工作室的方式復出，主要供貨餐廳及咖啡館，同時也挑選理念、風格相近的市集擺攤，並開放團購。由於冷凍宅配溫控風險高，萬一溫度不穩定，在重複升溫、降溫的狀況下會產生影響冰淇淋風味的冰晶。一方面也是為了堅持不使用宅配冰淇淋普遍用到的保麗龍包裝，所以小露吃的冰品全部由小豪親自運送。不斷突破現實困難的小豪與東師傅，繼續為小露吃開創實踐理想與初衷的最大自由度。

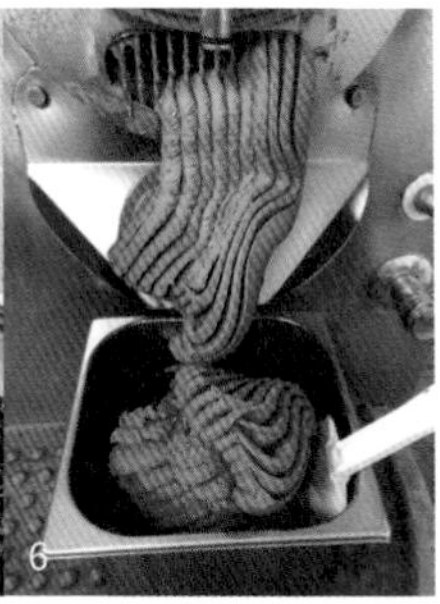

6／以那瑪夏紅肉李做成的義式冰淇淋。
7／那瑪夏的山茶也是做冰原料。
8／源自甲仙的手工黑糖，也能透過冰淇淋展現獨特香氣。

加料新味覺提案01

液態氮香蕉冰淇淋

運用液態氮，十分鐘就能速成冰淇淋。原理在於液態氮沸點為零下196度，足以讓果汁、牛奶、優格、啤酒等液態物質迅速降溫凝結，只要加上攪拌的動作就能變成冰淇淋。

東師傅小祕訣：想在家自製冰淇淋的話，其實用冰塊加鹽巴也能達到瞬間冷卻的效果，只是攪拌時間可能需要二十分鐘以上。自製冰淇淋雖然樂趣無窮，但嘴饞的時候，建議還是買小露吃比較快。

材料：

液態氮
旗山香蕉
無酒精啤酒

作法：

1 香蕉果泥加無酒精啤酒調成果汁。
2 把預先調好的香蕉加無酒精啤酒攪拌均勻倒入碗中。
3 接著將液態氮倒入。
4 不斷攪拌約十分鐘後，就能看到綿密的冰淇淋成形了。

＊千萬別讓手直接碰觸液態氮，否則會被瞬間凍傷。

加料新味覺提案02

香蕉冰淇淋新體驗

吃膩了冰櫃裡常見的口味，
不如試試自己加料的冰淇淋吧！
小露吃在香蕉園發表四種受歡迎的新吃法，
連蕉農吃了都讚不絕口！

配料：

香蕉果乾脆片
旗山米乖乖
綜合堅果
巧克力夾心餅乾

作法：

以充滿療癒香蕉與啤酒香氣的冰淇淋為基底，分別加入香蕉果乾脆片、旗山米乖乖、綜合堅果、巧克力餅乾。當然也可加入珍珠、波霸、粉角等配料，只是如果是自製液態氮冰淇淋，珍珠粉角類配料會因低溫在過程中硬掉，所以不建議使用。

東師傅特別推薦巧克力餅乾碎片，「香蕉、巧克力本身就是絕配，搭配加入無酒精啤酒的冰淇淋後香氣會更清爽不甜膩。」脆片、餅乾、堅果等配料被冰淇淋浸濕後的口感頗為柔和，交融的滋味在舌間繾綣，這是屬於小露吃的美味與浪漫。

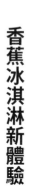

小露吃

位在高雄旗山的義式冰淇淋工作室，現無實體店舖。郭人豪（小豪）與李東祐（東師傅）2014 年開始作伙做冰。堅持使用 50 公里里程圈內食材，兩人親跑產地與農民做朋友，認為交心比交易更重要。

文字／謝欣珈、林宜潔、曹沛雯、郭銘哲、黃怜穎
攝影／陳建豪、盧昱瑞、陳志華、邱家驊、王倚祈

出版者／高雄市政府文化局
發行人／王文翠
企劃督導／林尚瑛、簡美玲、簡嘉論、陳美英、李毓敏
行政企劃／林美秀、張文聰、施雅芳
地址／高雄市苓雅區五福一路 67 號
電話／ 07-2225136
官網／ www.khcc.gov.tw

編印／裏路文化有限公司
發行／遠足文化事業股份有限公司
社長／郭重興
主編／董淨瑋
執行編輯／黃怜穎
校對／黃阡卉
封面設計／吳貞儒
內頁設計、插畫／吳貞儒
地址／新北市新店區民權路 108-3 號 8 樓
電話／ 02-2218-1417
傳真／ 02-2218-8057
Email ／ service@bookrep.com.tw
客服專線／ 0800-221-029

共同出版／高雄市政府文化局 · 裏路文化有限公司
出版日期／ 2021 年 12 月 初版
定價／ 420 元

Printed in Taiwan

特別感謝／高雄市桃源區原住民文物館　顏孟偉、謝億新
高雄市桃源區嘎啦鳳部落文化健康站　高竹君
Eureka 悠綠客檸檬　莊承翰
照片提供／慢樂處 P20-21
日光小林社區發展協會 P40-41
伊藍和阿布斯的農場 P112
龜時間 P168、P170
小露吃 P187

山裏食：以食為引，走進高雄山間廚房／
謝欣珈，林宜潔，曹沛雯，郭銘哲，黃怜穎文字．-- 初版．–
高雄市：高雄市政府文化局；新北市：裏路文化有限公司出版：
遠足文化事業股份有限公司發行，2021.12
面；　公分
ISBN 978-986-5465-69-8
GPN：1011100042
733.9/131.6　　　　　110021458